SEBASTIAN RINK · **Wenn Gott reklamiert**

SEBASTIAN RINK

Wenn Gott reklamiert

Das große Schreien der Kleinen Propheten

neukirchener

Bibliografische Information der Deutschen Nationalbibliothek:
Die Deutsche Nationalbibliothek verzeichnet diese Publikation in der Deutschen Nationalbibliografie; detaillierte bibliografische Daten sind im Internet über http://dnb.d-nb.de abrufbar.

Umschlaggestaltung: Grafikbüro Sonnhüter, www. sonnhueter.com, unter Verwendung eines Bildes von © file404 (shutterstock.com)
Lektorat: Hauke Burgarth, Pohlheim
DTP: Breklumer-Print-Service, www.breklumer-print-service.com
Verwendete Schrift: Scala, ScalaSans
Gesamtherstellung: PBtisk a.s.
Printed in Czech Republic
ISBN 978-3-7615-6757-9 (Print)
ISBN 978-3-7615-6758-6 (E-Book)

www.neukirchener-verlage.de

Inhalt

Vorwort von Thorsten Dietz

Sebastian Rink hat genau die Art von Buch geschrieben, die ich als junger Agnostiker auf der Suche gerne entdeckt hätte. Ich kann mich gut an die Zeit erinnern, als ich zum ersten Mal gründlicher in die Bibel schaute. Bald bekam ich eine Ahnung davon, wie anders als gedacht dieses Buch ist. Viel faszinierender und vielschichtiger, als ich in meinem jugendlichen Unglauben geahnt hatte.

Zugleich merkte ich auch, dass sich die biblischen Texte jenseits der bekannten Geschichten keineswegs leicht lesen lassen. Und wenn man Anleitung sucht, hat man oft nur die Wahl zwischen wissenschaftlicher Bibelauslegung jenseits aller existenzieller Fragen – oder erbaulicher Bibelbetrachtung für Gläubige, denen schon alles klar zu sein scheint. Dieses Buch ist für alle, die mit diesen Alternativen unzufrieden sind.

Rinks Buch wendet sich nicht an Menschen, denen der Glaube fraglos sichere Gewissheit ist. Er betrachtet die Bücher der Kleinen Propheten gewissermaßen von außen, aus einer historischen Perspektive. Der zeitliche Abstand, das heutige Befremden über vieles, was in diesen Büchern steht, wird nicht überspielt, sondern ganz ernst genommen. Und zugleich bleibt die Auslegung nicht rein historisch. Sie fragt nach der Relevanz dieser Bücher für uns heute.

Die Kleinen Propheten spielen selbst im Leben der meisten Gemeinden eine viel zu geringe Rolle. Klein sind nur ihre Bücher. Die Botschaft ist schlechthin großartig. Jugendliche müssen bis heute vielfach ihre Namen auswendig lernen für den Konfirmandenunterricht oder die Biblische Unterweisung. Anschließend kann man sein Leben lang Gemeindeveranstaltungen besuchen und hört so manchen Prophetennamen nie wieder. Das Buch Amos ist das älteste Prophetenbuch der religiösen Weltliteratur. Sein Inhalt ist revolutionär. Warum spielt er im Bewusstsein der meisten Gläubigen kaum eine Rolle? Warum ist das so?

Die Texte lesen sich nicht leicht. Zumal in einer Zeit schwindender Lesekompetenz, weil immer mehr Zeit in den Konsum von Bildern und Filmen fließt. Sich ein Prophetenbuch so zu erschließen, dass man von der Botschaft persönlich berührt wird, ist Arbeit. Die Kleinen Propheten zerstören die Illusion, dass die Bibel ein müheloser Besitz ist. Sie zu verstehen kostet etwas. Aber wenn ich mir in einer Sache sicher bin: Der Preis, den man mit dieser Anstrengung bezahlt, ist unendlich viel geringer als das, was man gewinnt.

Sebastian Rink führt in jedes Prophetenbuch anhand einer zentralen Fragestellung ein. Was ist die eine Botschaft, die man nicht verpassen sollte? Von welchem Zentrum her erschließt sich der Reichtum eines solchen Textes? Was lernen wir bei Hosea über das, was Religion von Moral oder Kultur unterscheidet? Welche Bedeutung hat die nichtmenschliche Um- und Mitwelt beim Propheten Joel? Beim Michabuch werden wir mit der schillernden Bedeutung von Macht konfrontiert und mit der Frage, was Gott mit Godzilla zu tun hat ... Beim Propheten Habakuk erschließt uns Rink die Achillesferse des Glaubens: das Problem des Leidens. Der Prophet Nahum wirft schließlich die Frage auf, wie wir umgehen können mit menschlichem und göttlichem Zorn über das Böse in der Welt. Nie verharmlost Sebastian Rink die prophetische Botschaft. Er verschont weder die Leser*innen noch sich selbst noch die Prophetenbücher vor harten Rückfragen.

Menschen mit einem frommen Hintergrund mögen sich stören an dem, was ihnen als skeptische Grundhaltung dieses Buches erscheinen mag. Sebastian Rink geht vom Forschungsstand der heutigen Bibelwissenschaften aus. Er verschweigt nicht ihren Konsens, dass nicht jeder Satz von dem Propheten stammt, dessen Name über dem Buch steht. Denn die Prophetenbücher stammen aus einer Zeit, die noch gar keinen Begriff von Autorenliteratur hatte, sondern Traditionsliteratur pflegte, in der die Fortschreibung eines Textes als Treue zur Überlieferung verstanden wurde. Ebenso wenig geht er davon aus, dass die Erzähltexte immer historische Ereignisse berichten wollen. Historische Exegese will den Texten gerade in ihrer Fremdheit gerecht werden. Die Propheten sind Menschen in ihrer Zeit, die zu ihren Zeitgenossen reden. So liest Sebastian Rink die Prophetenbücher auch nicht direkt als Gottes Worte an uns. Er legt sie als menschliches Ringen mit dem Leben aus und darin auch als Buch über Erfahrungen mit Gott. Wer sich so auf diese Texte einlässt, dem kann es passieren, dass Gott ihm erst einmal fremd wird. Und das ist gut so. Denn das Wort Gott (das Rink gerne als G*tt schreibt), gewinnt so wieder etwas von dem Geheimnis zurück, das notwendig zum Reden von und über Gott gehört.

Das Wirken der Propheten bringt Rink auf einen Begriff: Sie reklamieren Gott. Gott gehört uns nicht. Aber manchmal verschafft er sich Gehör. Reklamieren ist kein schönes Wort. Wer reklamiert denn heute, bitteschön? Fußballer, wenn sie einen Elfmeter wollen, genervte Kund*innen, wenn sie mit der Ware unzufrieden sind.

Wer reklamiert, wird schnell als nervig empfunden. Als Störenfried. Darum passt das Wort ziemlich gut zu den Propheten. Sie waren die Nervensägen ihrer Zeit. Sie haben das politische und religiöse Establishment gereizt. Sie gingen ihren Zeitgenossen auf die Nerven mit ihrer maßlosen Kritik wie mit ihrer überschwänglichen Hoffnung. Sie taten das, weil sie selbst von der fraglosen religiösen Gewissheit und vor allem der sozialen Gleichgültigkeit ihrer Eliten genervt waren. Weil sie Gott als größer erfahren hatten als das, was die Zeitgenossen aus ihm gemacht hatten. So haben sie manche Gemütlichkeit zerstört. Dafür wurden sie gehasst und manchmal verfolgt.

Und es gab Menschen, die sich nerven ließen. Sie haben in diesen Worten Halt gefunden, Trost im Zusammenbruch, Stärkung beim Weiterleben trotz größter Katastrophen. Sie konnten ihren Schrei nach Gerechtigkeit endlich in Worte fassen. Ihre Sehnsucht nach Erlösung hatte fortan Hoffnungsbilder wie die Verarbeitung der Schwerter zu Flugscharen. Noch Jahrtausende später erwiesen solche Bilder ihre Kraft, zum Beispiel als ein Symbol der friedlichen Revolution in der DDR.

Dies ist ein erbauliches Buch für kritische Geister. Ihnen wird kein Denkverzicht zugemutet. Wohl aber die Einsicht, dass man Gründe der Hoffnung nicht einfach erfinden kann. Man muss sich auf sie einlassen. Kein noch so kritischer Geist kann ohne Vertrauen leben. Aber nicht alles ist vertrauenswürdig. Und davon handelt die Prophetie: Was oder wer ist schlechthin vertrauenswürdig? Was lässt uns trotz allem Hoffnungsmenschen sein?

Sebastian Rink lässt uns teilhaben an seinen Lernerfahrungen mit den Propheten. Den Leser*innen dieses Buches wünsche ich: Mögen Sie sich nerven lassen! Mögen Sie bereit sein für die Zumutung, dass das eigene Gottesbild beziehungsweise das Fragen nach Gott durch die Botschaft der Propheten herausgefordert wird. Mögen Sie sich der Einsicht aussetzen, dass Gott uns nicht gehört. Und mögen Sie die Erfahrung machen, dass Gott sich durch diese Erfahrung hindurch Gehör verschaffen kann – damals und heute.

Vorwort des Autors

Das sind laute Worte", dachte ich in etwa, als ich mich auf die „Kleinen Propheten" stürzte. Dass sie mehr und mehr zu einem schrillen Pfeifen im Ohr würden, habe ich am Anfang noch nicht geahnt. Im Rückblick war das Unterfangen mehr als waghalsig: Auf jeweils sehr begrenztem Raum wollte ich ein komplettes Buch der zwölf „kleinen" Propheten in den Griff bekommen und es dabei vor allem nicht einfach sachlich erklären, sondern selbst so direkt wie möglich sprechen lassen. Oder vielmehr festhalten, was ich selbst über einen Graben von weit mehr als 2.000 Jahren hinweg gehört habe. Das ist das Wagnis jeder Bibelauslegung – bei den Propheten habe ich es so intensiv gespürt wie selten.

Die Prophetentexte sind nicht immer eingängig. Daher wurde mir die Beschäftigung mit ihnen zu einer kleinen „Ausbildung im Bibellesen", denn ständig steht die Frage im Raum, wie wir uns Bibel überhaupt aneignen können. Dafür gibt es kein Patentrezept. Auch dieses Buch nimmt von Kapitel zu Kapitel neue Anläufe und sammelt schrittweise Werkzeuge ein, um mit den Schriften klarzukommen. Zugleich gibt es bei jedem Propheten wiederum Verse und Gedanken, die sich dem Werkzeug widersetzen. Mein größter Lernprozess war, das auszuhalten.

Gegen meine eigene Gewohnheit und Vorliebe habe ich mich für Endnoten entschieden, um den Lesefluss nicht zu stören. Dort befinden sich jedoch ausschließlich Quellen zum Nachschlagen, keine weiterführenden Gedanken. Man kann sie also beim Lesen einfach ignorieren. Wo es möglich war, habe ich Onlinequellen recherchiert. Etwas schwergefallen ist mir auch der weitgehende Verzicht auf „name dropping“ und Zitate. Natürlich erfinde ich das allerwenigste neu, ich sage Vorgedachtes bloß auf meine Weise. Wer die Ideen kennt, wird hier und da auch die Ideengeber*innen erkennen. Ansonsten bemühe ich mich um meine eigenen Formulierungen. Das gilt auch für die Bibeltexte, die ich (unter großzügiger Verwendung von Hilfsmitteln) in meine eigene Sprache gebracht habe. Das ist nicht zwingend wortgetreu, aber sinngemäß mit gelegentlichen Freiheiten. Ein paar Quellen und Lesehinweise gibt es am Ende des Buches.

Ich habe vielfältig zu danken, allen voran Hauke Burgarth, der das Projekt mit großem Engagement nicht nur entscheidend ermöglicht, sondern es sehr wohlwollend als Lektor begleitet hat. Wie schon mein erstes Buch „Heiliges Leben“ ist auch das vorliegende in meiner Gemeinde als Predigtserie entstanden – danke für eure Anregung und Geduld! Meinen lieben Freunden und Kollegen Tom Herter und Ralph van Doorn danke ich von Herzen für die theologische Durchsicht des Manuskripts und viele wertvolle Anmerkungen. Zuletzt, aber unvergessen: Thorsten Dietz habe ich nicht nur für das Vorwort zu danken.

Bischoffen, im Coronafrühling 2020

Weiterführendes Material zum Buch
gibt es unter www.sebastianrink.de.

Die Zwölf Propheten

Etwas stimmt nicht mit der Welt. Das hat auch der Himmel bemerkt und besondere Gestalten damit betraut, die Menschen wachzurufen: Propheten. Sie reißen Wunden auf, halten den Spiegel vor, wischen Tränen ab und verbreiten Hoffnung. Sie richten und rütteln, schreien und flüstern, fluchen und segnen. Darin sind sie echt und ehrlich wie das Leben. Ob sie sogar über die Jahrhunderte hinweg in unsere Zeit schreien? Das will ich wissen.

Sie präsentieren kritische Reden für das jeweilige Heute, aber nicht nur das. Mit ihnen passiert noch mehr, denn in ihren Worten hören Menschen seit Hunderten von Jahren die Stimmen Gottes rufen. Sie bekommen seit einer gefühlten Ewigkeit zu spüren, was es bedeutet, „wenn Gott reklamiert".

Was da reklamiert wird, werden wir in den nächsten zwölf Kapiteln mit den zwölf „kleinen" Propheten erleben. So viel sei schon verraten: Wenn Gott reklamiert, dann ist das Leben in all seinen Facetten betroffen, dann werden die Selbstverständlichkeiten unserer Welt tief ins Mark getroffen. Denn sonst wäre es nicht Gott, der da reklamiert.

In diesem fortlaufenden Schlüsselwörtchen steckt übrigens ein dreifaches Sprachspiel: Eine Sache zu reklamieren bedeutet ja erstens, sie aufgrund von Mängeln oder Nicht-Gefallen zurückgeben zu wollen. Das scheint bei den Propheten auf fast jeder Seite durch. Es hört sich gelegentlich so an, als wollte Gott eine nicht ganz funktionstüchtige Menschheit zurückgeben. Zweitens bedeutet eine „Reklamation", einen Anspruch geltend zu machen, etwas für sich zu reklamieren. Auch das klingt in den Worten an, denn unsere Gottheit beansprucht die Menschheit für sich, obwohl etwas mit ihr so gar nicht stimmt. Drittens steckt im Wort die „Reklame". So habe ich die Propheten durchweg erlebt: als Werbetexter. Sie bewerben eine zutiefst menschliche Welt, sie werben für ein göttliches Leben. Und so wirbt das Göttliche letztlich für sich selbst. Gott reklamiert.

Nur kurz, aber nicht klein

Verschaffen wir uns zunächst einen Überblick über die Texte, die uns von nun an begleiten werden. Nebenbei sei natürlich empfohlen, diese zwölf kurzen Bibelbücher aus dem Ersten Testament parallel zu lesen. Im besten Fall macht dieses Buch sogar neugierig darauf, das zu tun.

Den Propheten ist in der dreiteiligen Hebräischen Bibel neben der „Tora" (den fünf Mosebüchern) und den „Ketuvim" (Schriften) ein eigener Teil gewidmet, die sogenannten „Nevi'im". Aus den Anfangsbuchstaben der drei Begriffe ergibt sich der Name „Tanach" für die Hebräische Bibel. Zu den Prophetenbüchern gehören neben den klassischen „hinteren" Propheten übrigens auch als „vordere" Propheten die Bücher Josua, Richter, Samuel und Könige. In der christlichen Bibel werden sie als Geschichtsbücher gehandelt. Gemeinsam folgen sie auf die Tora, die von Mose als dem größten aller Propheten erzählt (5. Mose 34,10).

Tora	Nevi'im (Propheten)	Ketuvim (Schriften)
Genesis / 1. Mose Exodus / 2. Mose Levitikus / 3. Mose Numeri / 4. Mose Deuteronomium / 5. Mose	**„Vordere Propheten"** Josua Richter Samuelbuch (1.+2.) Königebuch (1.+2.) **„Hintere Propheten"** Jesaja Jeremia Ezechiel (Hesekiel) Zwölfprophetenbuch	Buch der Psalmen Ijob Buch der Sprichwörter Rut Hoheslied Kohelet Klagelieder Ester Daniel Esra + Nehemia Buch der Chronik (1.+2.)

Uns interessiert innerhalb der Nevi'im das Zwölfprophetenbuch. Es heißt so, weil die enthaltenen Propheten der jüdischen Tradition als ein einziges Buch in zwölf Teilen gelten. Die Geschichte seiner Entstehung ist kompliziert und langwierig, sie reicht wohl vom achten Jahrhundert vor der Zeitenwende bis in die sogenannte hellenistische Zeit zum Ende des vierten Jahrhunderts vor unserer Zeit. Ein wenig genauer schauen wir uns das zu gegebener Zeit an. Übrigens: Wenn nichts anderes angegeben ist, beziehen sich alle Datierungen im Buch auf die Jahre vor unserer Zeitenwende.

Bekannter als die Bezeichnung „Zwölfprophetenbuch" ist der Name „Kleine Propheten". Das sind die mit den teilweise recht merkwürdigen Namen: Hosea, Joel, Amos, Obadja, Jona, Micha, Nahum, Habakuk, Zefanja, Haggai, Sacharja und Maleachi. Sie sind aber nur deshalb „klein", weil sie relativ wenig Text mitbringen. Was sie sagen, ist dagegen ziemlich groß und mächtig. Wir finden zum Beispiel einige der schönsten Bibelverse bei diesen Propheten:

> **Zefanja 3,17:** *G*tt*, dein Gott in deiner Mitte, eine mächtige Hilfe, freut sich an dir in Verzückung – mal schweigend in Liebe, mal schreiend vor Freude.

Das geht doch runter wie Öl. Uns begegnen aber auch verstörende Texte, die in die tiefsten Abgründe menschlicher Gottesvorstellung schauen lassen, vielleicht sogar in die tiefsten Abgründe Gottes, wenn etwa derselbe Zefanja Gott schreien lässt:

> **Zefanja 1,2–3:** „Raffen! Ich raffe alles von der Erdoberfläche!" Ein Spruch *G*ttes*. „Ich raffe Mensch und Tier, ich raffe die Vögel des Himmels und die Fische des Meeres, die Gottlosen mache ich zu Ruinen, den Menschen rotte ich von der Erdoberfläche aus!" Ein Spruch *G*ttes*.

Das ist noch nicht das Schlimmste, so viel sei schon gesagt. Es gibt Stellen, da muss ich meine Bibel beim Lesen für einen Moment beiseitelegen. Trotzdem werden wir uns ihnen stellen, nach und nach. Dabei werden wir unter anderem feststellen, dass diese zwölf Prophetenbücher Texte aus längst vergangener Zeit sind. Doch auf geheimnisvolle Weise wirken sie manchmal sehr aktuell. Wir werden gemeinsam versuchen, sie über die Jahrhunderte hinweg in unsere Zeit sprechen zu lassen.

Der Name Gottes

Gerade tauchte der Name Gottes zum ersten Mal auf und wird noch häufiger zu lesen sein, daher ein paar Worte dazu. Aus den meisten Übersetzungen kennen wir es, dass der Eigenname Gottes mit „Herr" wiedergegeben wird. Gern auch als „HERR" oder „HErr" um anzuzeigen, dass im Hebräischen die göttlichen vier Buchstaben stehen: JHWH, der Name Gottes.

Er wird in jüdischer Tradition niemals ausgesprochen. Als es noch einen Tempel gab (bis ins Jahr 70 unserer Zeitrechnung), durfte der Hohepriester ihn einmal pro Jahr am Versöhnungstag aussprechen. Sonst und seither nicht. Daher hat man sogar vergessen, wie er ausgesprochen wird, vermutlich „Jahwe". Als Ersatzwort wird „Adonaj" gelesen, was ungefähr „(mein) Herr" bedeutet. Das einfach ins Deutsche zu übernehmen, ist aber schwierig, weil schon die hebräische Schreibweise die Übertragung auf den „Herrn" etwas verfremdet. Außerdem ist Gott kein Mann, wie wir von Hosea lernen werden. Das sollte auch die Sprache berücksichtigen.

Solch ein Respekt vor dem Namen Gottes ist etwas ganz Wunderbares, weil auf diese Weise deutlich wird, was den Propheten auf jeder Seite abzulesen ist: Gott ist ein Geheimnis. Man kann es nicht einfach benennen, sie nicht einfach beschreiben, ihn nicht einfach so definieren. Um beides einzufangen, habe ich mich für die Schreibweise „G*tt" entschieden. Sie greift erstens eine Tradition aus dem deutschsprachigen Judentum auf, in welcher der Gottesname gern mit „G'tt" umschrieben wird. Zweitens erinnert sie natürlich an das Gendersternchen und das Anliegen einer möglichst gerechten Sprache. Das ist gerade in Bezug auf das Göttliche angemessen, weil Gott und Gerechtigkeit aufs Engste zusammengehören und das Göttliche all unsere Denkmuster übersteigt – auch die Geschlechter!

Einbruch der Propheten

„Wenn die Propheten einbrächen / durch Türen der Nacht / und ein Ohr wie eine Heimat suchten / Ohr der Menschheit / du nesselverwachsenes, / würdest du hören?", fragte die Literatur-Nobelpreisträgerin Nelly Sachs (1891–1970) in einem ihrer

Gedichte.[3] Würde ich hören? Darum geht es bei den Propheten. Gemeint ist nicht ein Hören im Sinne des Gehorsams. Die Propheten reklamieren vielmehr ein Zuhören, um die Welt in ihrem Zustand zu begreifen. Ein Aufhorchen auf das, was in der Welt vor sich geht. Ein sorgfältiges Hinhören, ob nicht irgendwo die Stimmen Gottes anklingen. Genau das tun Prophet*innen. Sie sehen, wie es ist, und rufen, wie es sein sollte. Prophet*innen zeichnen Dystopien und Utopien, mit ihnen entdecken wir Schreckens- und Sehnsuchtsorte.

Wir, die wir sie im 21. Jahrhundert lesen, werden immer wieder vor der gleichen Frage stehen: Würden wir hören? Will ich hin- und zuhören? Das ist keine angenehme Frage, denn wir werden äußerst unbequemen Texten begegnen. In all dem suche ich nach der manchmal brennend heilsamen Nähe Gottes, nach der entwaffnend ehrlichen Stimme des Himmels. Ich suche in der Hoffnung, ein erneuertes Leben zu finden. Mal in kleinen Schritten, mal in waghalsigen Sprüngen. Manchmal werden wir dabei vielleicht nichts finden. Das kann passieren, denn dass Gott reklamiert, lässt sich nicht einfach hervorrufen.

Die Prophetie überflogen

Bevor wir richtig eintauchen, überfliegen wir unser Thema zuerst einmal, verschaffen uns einen anfänglichen Eindruck und suchen einen ersten Zugang. Dafür eignet sich zum Beispiel das Wort „Prophet*in“. Es stammt aus der griechischen Sprache, kommt in der griechischen Kultur aber nicht allzu häufig vor. Es besteht aus zwei Teilen: *pro* („vor“) und *phemi* („sagen“). Prophet*innen sind also Vorsager*innen. Das kann man im Sinne von „voraussagen“ verstehen. Doch um Missverständnisse von vornherein zu vermeiden, übersetzen wir *pro* sachgemäßer mit „für" oder „anstelle von".

Sie sprechen vor, sagen aber nicht im eigentlichen Sinne voraus. Prophet*innen sind keine Wahrsager*innen, die einen Blick in die Zukunft gewähren. Diese Bedeutung hat das Wort leider unter anderem dadurch bekommen, dass die biblischen Propheten in der christlichen Variante des Ersten Testaments am Ende stehen, nicht wie in der hebräischen Version mittendrin. So erscheinen sie als Voraussager der messianischen Jesusgeschichte. Aber sie sind keine Wahrsager und Zukunftskenner, sondern Menschen, die für das Göttliche sprechen. Sie geben Botschaften weiter, die sie auf Gott selbst zurückführen. Sie reklamieren vor und für und von und mit Gott!

Als ungefähr im dritten Jahrhundert vor der Zeitenwende (200–300 v. Chr.) die Hebräische Bibel ins Griechische übersetzt wurde, hat man für das hebräische Wort *navi* (auf der letzten Silbe betont) den Begriff Prophet benutzt. *navi* bedeutet ursprünglich so etwas wie „die Ernannte" oder „der Berufene". Ernannt, um zu benennen, berufen, um zu rufen, das waren die Propheten. Irgendwie sind sie sogar noch immer da, überall dort, wo Menschen dem Ruf folgen, selbst zu rufen: auf Kanzeln und Kathedern, in Parlamenten und Petitionen, an Straßen und Stammtischen, in Medien und Märkten. Prophet*innen schreien heraus, wozu sie sich berufen fühlen.

Prophetie existiert übrigens in vielen Religionen. Sie erfüllt eine Vermittlungsfunktion, denn die Botschaften der Götter an die Menschen müssen ja irgendwie ankommen. Das ist schließlich das Grundproblem aller Religionen: Der Himmel bemerkt einen Mangel, muss ihn aber voll und ganz irdisch kommunizieren und reklamieren, um sich verständlich zu machen. Die Prophetie leistet genau diese Übersetzungsarbeit. Sie benutzt allerdings keine bestimmten Rituale wie Vogelschauen, Glaskugeln oder Kaffeesatzlesen, wie sie bei anderen Vermittler*innen zu finden sind. Sie arbeitet allein mit der Sprache und manchmal mit symbolischen Handlungen. Kurz: Prophet*innen sind Himmelsübersetzer*innen.

Eine klitzekleine Geschichte Israels

Prophet*innen nehmen immer die Geschichte in den Blick, daher brauchen wir wenigstens einen ganz, ganz groben Überblick. Es ist jedoch gar nicht so einfach, die Geschichte Israels zu erzählen. Schließlich beginnt die Erzählung der maßgeblichen Quellen in einer Zeit, die niemand datieren kann: mit der Schöpfung. Niemand war dabei. Die Texte können und wollen aber auch gar nicht erzählen, wie es gewesen ist. Sie tun etwas, das uns noch viel mehr betrifft, denn sie verarbeiten und entwickeln den eigenen Glauben und werfen einen Blick auf das eigene Leben.

Auch die darauffolgenden Geschichten sind nicht einfach Geschichtsschreibung, sondern sie erzählen, woher die Identität des Volkes Israel stammt und wie es sich selbst versteht. Bis David und Salomo um das Jahr 1000 vor unserer Zeit kann man kaum etwas von den biblischen Darstellungen wirklich historisch nachweisen. Das bedeutet übrigens nicht, dass alles völliger Blödsinn wäre, aber es lässt sich eben nicht historisch belegen. Sicher gibt es bei vielem irgendeinen historischen Kern, wichtiger ist aber neben dem historischen immer der wahre Kern: die Bedeutung für das eigene Glauben und Leben.

Selbst bei den genannten legendären Königen ist vieles umstritten. Allerdings wird mit ihnen die Geschichte greifbarer, es beginnt sich aus einer Stammesordnung ein Staat zu entwickeln (was übrigens nicht zwingend ein Fortschritt ist). Das liegt unter anderem an relativ günstigen Bedingungen: Ägypten hatte als Großreich abgedankt und das nachfolgenden Assyrische Reich war noch nicht ganz so weit, den Staffelstab zu übernehmen.

Nach oder mit den Lichtgestalten David und Salomo teilt sich die Region Palästina in den Norden „Israel“ und den Süden „Juda“. Beide Teile entfernen sich allmählich immer stärker voneinander, was auch bei den Propheten sichtbar wird. Im Jahr 722 kommt es dann zur Katastrophe: Das Nordreich Israel wird durch das Assyrische Reich zerschlagen. Für die Leute aus dem Südreich war das eine logische, schadenfreudig beobachtete Konsequenz, denn die Menschen aus dem Norden waren aus ihrer Sicht schon immer barbarische Unholde. Was ich sagen will: Die beiden Landesteile konnten nicht so recht miteinander. Die Bevölkerung Israels, wenigstens die städtische, wird nach der Eroberung deportiert und selbst nach dem Ende der assyrischen Regierung nicht zurückkehren.

Dem Südreich ergeht es allerdings 130 Jahre später nicht viel besser: Nachdem 701 der Fall Jerusalems noch abgewendet werden konnte und Juda unter König Josia zwischenzeitlich noch eine Blüte erlebt, wird die Hauptstadt im Jahr 597 erobert und die Oberschicht aus dem Land nach Babylonien deportiert. Zehn Jahre später fällt das Südreich nach einer zweiten Deportationswelle praktisch komplett zusammen und Jerusalem wird zerstört. Die Datierung ist nicht ganz sicher, entweder passierte das im Jahr 587 oder ein Jahr später 586, daher findet man meist die Angabe 587/86. Mit den Deportationen beginnt das sogenannte „babylonische Exil“. Nach dem Ende des Exils kehren ab 538 einige Judäer*innen zurück nach Palästina und wagen den Neuanfang. Das Babylonische Reich hatte inzwischen das Zeitliche gesegnet und die Perser*innen unter Kyros II. das Zepter in die Hand genommen.

Es folgt eine sogenannte „historiographische Zäsur", wenn man so will eine Art Geschichtspause. Da passiert natürlich auch etwas, aber Geschichtspause meint, dass wir über die nächsten ca. 200 Jahre fast keine Quellen haben. Erst mit Alexander dem Großen („3-3-3, bei Issos Keilerei …") nimmt die bekannte Geschichte wieder Fahrt auf. Auf seine Zeit und die der nachfolgenden „Diadochen" spielen womöglich die jüngsten Texte der Propheten an. Spätestens um 180 dürfte die Zeit enden, die vom Zwölfprophetenbuch insgesamt überblickt und verarbeitet wird, denn um dieses Datum herum entsteht das Buch Jesus Sirach (zu finden bei den „Apokryphen"), das in Kapitel 49 in Vers 10 die zwölf Propheten bereits erwähnt. Wir werden bei den einzelnen Propheten übrigens hier und da noch etwas genauer kennenlernen, wie solche Datierungen zustande kommen und wie sich die Schriften in die Geschichte einordnen lassen.

Schon dieser kurze Überblick zeigt ein Chaos historischen Ausmaßes. Mitten in diese turbulenten Zeiten hinein sprechen die Propheten. Meine Hoffnung ist, dass sie hier und da auch mitten in unsere eigenen turbulenten Leben sprechen und dass aus ihnen die Stimmen Gottes tatsächlich zu hören sind.

Wie Bibel entsteht

Wie kommt es nun aber dazu, dass aus dem Reden der Propheten die Texte der Bibel wurden? Die Bibeltexte sind nicht vom Himmel gefallen, so viel hat sich vermutlich mittlerweile herumgesprochen. Seit über 200 Jahren wird sehr genau erforscht, wie sie entstanden sind, und das lässt sich auch (mal mehr, mal weniger) gut zeigen. Für die prophetischen Texte ist das ebenfalls möglich, aber kompliziert, daher treibt mich eine noch grundsätzlichere Frage um: Warum entstehen überhaupt Bibeltexte? Ich stelle mir das so vor: Menschen machen Erfahrungen. Sie stehen morgens auf, stoßen sich vielleicht den Fuß an einer Kante, schauen in ein freundliches Gesicht oder bewundern nach einem fantastischen Sonnenuntergang den Sternenhimmel. Irgendwann beginnen sie, über all das nachzudenken. Dabei bemerken sie, dass im Leben immer mal wieder große Geheimnisse auftauchen, mitten in ihrer alltäglichen Erfahrung: Warum stoße ich mir jeden Morgen diesen verdammten Fuß? Wie kommt es, dass der Mensch mir so freundlich begegnet? Wo genau ist eigentlich mein Platz in der großen, weiten Welt unter der Sonne und zwischen den Sternen? Fragen nach dem Leben, dem Universum und dem ganzen Rest.

Nach und nach entwickeln sie Ideen und erspüren Antworten. Sie suchen nach einer Sprache, die den Geheimnissen der Welt und des Lebens angemessen ist. Und sie (er-)finden Worte dafür. Das größte unter ihnen heißt „Gott". Menschen beginnen, Gott und Götter in allem zu erleben, oder mit anderen Worten: Menschen werden und machen sich aufmerksam auf die Geheimnisse, die das Leben mitbringt.

Irgendwann denken und erzählen sie nicht mehr nur, sondern schreiben. Sie dokumentieren, wie sie die Geheimnisse des Lebens und ihrer Gemeinschaft erleben. Sie halten fest, wie sie Gott erfahren. Menschen notieren, wie sie sich die geheimnisvolle Wirklichkeit des Göttlichen vorstellen. Sie schreiben, diskutieren, korrigieren. Sie machen neue Erfahrungen und alte Ideen verändern sich. Und sie schreiben weiter. Und schreiben anders. Und schreiben neu. Sie bewahren nicht alles auf, denn nicht alle Ideen passen in jedes Leben. Deshalb entwickelt jede Gemeinschaft eigene Vorstellungen. So bilden sich nach und nach Sammlungen der wichtigsten Texte. Das Beste setzt sich durch. Dokumente, an denen Menschen sich gemeinsam orientieren und die ihnen zum Maßstab (griechisch: Kanon) werden für ihren Umgang mit dem Geheimnis Gottes.

So stelle ich mir das vor und biete an, einmal auf diese Weise an die Texte heranzugehen. Nicht in tiefster Ehrfurcht vor ihrer vermeintlichen Heiligkeit, sondern höchst ergriffen von ihrer schamlosen Menschlichkeit.

Fakten und ihre Bedeutung

Manche Menschen (gerade in meiner freikirchlichen Tradition) wachsen mit der Überzeugung auf, dass die Geschichten der Bibel zuverlässig wiedergeben, was tatsächlich passiert ist. Daher fragen sich einige folgerichtig: Wenn die Bibel in Fragen der Geschichte nicht ganz korrekt ist, was passiert dann mit dem Glauben? Das klingt zunächst nach einem logischen Gedankengang und natürlich hat der Glaube tatsächlich etwas mit Geschichte zu tun. Er gründet ja auf Erfahrungen, die wir in der Geschichte machen.

Allerdings muss man dabei zwei Dinge unterscheiden, die für das Verständnis von Bibeltexten wichtig sind. Einerseits erleben wir Situationen und es geschehen ständig irgendwelche Ereignisse. Das ist, was faktisch passiert. Andererseits geben wir diesen Dingen immer eine Bedeutung, wir überführen sie in Sprache und ordnen sie in einen Zusammenhang ein, der uns betrifft. Das Entscheidende ist: Zwischen den Fakten und ihrer Bedeutung gibt es keinen völlig bruchlosen Übergang, selbst dann nicht, wenn solche Erfahrungsdokumente zu heiligen Schriften werden. Immer spielen individuelle Prägungen eine Rolle, wenn wir Erlebnisse deuten, selbst wenn wir sie so objektiv wie möglich beschreiben. Wenn ich beispielsweise von der Begegnung mit einem Hund erzähle, hast du wahrscheinlich ein anderes Bild vor Augen als ich. Oder wenn zwei Menschen dasselbe Fußballspiel schauen, werden sie es sehr unterschiedlich wahrnehmen, beschreiben und bewerten. Das hängt zum Beispiel davon ab, zu welchem Team sie halten, wie gut sie sich mit Fußball auskennen, ob sie selbst spielen oder nicht. Auch ob sie live im Stadion waren, eine Zusammenfassung sehen oder es im Radio hören, all das hat Einfluss darauf, wie sie über das Spiel reden. Aber keine der Beschreibungen ist einfach die exakte Wiedergabe dessen, was im Spiel passiert ist. Trotz Videobeweis. Und doch haben beide Beschreibungen ihre Berechtigung, denn es ist nun einmal das, was beide erlebt haben!

Eigentlich klingt es ganz einfach und scheint oft doch so schwierig: Die biblischen Texte sind natürlich nicht die Ereignisse selbst, nicht einmal eine völlig objektive Darstellung, sondern sie interpretieren Lebenswirklichkeiten. Sie nehmen Welt- und Lebensereignisse auf ihre ganz eigene Weise wahr, anders als es etwa die Natur- oder Geschichtswissenschaften versuchen. Denn Bibel dokumentiert nicht Ereignisse, sondern den Glauben. Und Glaube ist eine bestimmte Weise, Ereignisse zu erleben, sie zu beschreiben und vor allem, ihnen eine Bedeutung zu geben. Aber Glaubensgeschichten sind niemals einfach identisch mit den Ereignissen, die ihnen zugrunde liegen.

Die biblischen Texte erzählen aus der Sicht des Glaubens von den Ereignissen, oder besser: Erlebnissen. Sie dokumentieren nicht Tatsachen, sondern Bedeutungen. Wenn die Bibeltexte manche Ereignisse also nicht ganz faktengetreu wiedergeben, sind sie deshalb nicht gleich „alternative Fakten“, sondern sie überliefern „alternative Bedeutungen“ von Fakten. Die Unterschiede zwischen den tatsächlichen Ereignissen und ihrer Beschreibung zu erforschen, ist deshalb gar nichts Gefährliches, sondern hilft viel besser zu verstehen, welche Bedeutung den Erzählungen wichtig ist und wie die Autor*innen der Texte ihren Glauben verstanden haben.

Wir fragen deshalb danach, was die Menschen bewegt hat, die diese Texte aufschrieben. Es geht um ihren Glauben. Es geht darum, wie sie Gott erlebt und verstanden haben, wie sie Gott erlitten und oft nicht verstanden haben. Es geht um die Unendlichkeiten des Lebens, die wir bei Gott selbst vermuten. In den Texten anderer Menschen suche ich nach Worten für mein eigenes Glauben.

Ob Gott reklamiert?

Das alles ist ziemlich grob notiert und ähnlich grob geht es weiter. Manches werden wir im Durchgang durch die Texte vertiefen, anderes bleibt so ungenau, wie es ist. Diese Einführung sollte für den Moment nicht viel mehr leisten, als ein Gefühl dafür zu vermitteln, dass wir es mit fremden Texten aus vergangenen Tagen zu tun haben werden. Wir suchen nach dem Göttlichen in Schriften, die nicht für uns gedacht waren und lesen sie doch so, als wären sie es. Wir tun einmal so, als hätten sie uns etwas zu sagen. Das ist waghalsig, historisch wie theologisch. Aber wer weiß, ob Gott nicht trotzdem durch die Propheten reklamiert ...

Hosea reklamiert die Religion

Lust auf einen Ohrwurm? Dann los: „I was made for lovin' you ..." (Ich bin da, um dich zu lieben). Ein 40 Jahre alter Klassiker der Rockgeschichte, gespielt von der Band KISS. Die vier maskierten Musiker gingen 2019 nach über 45 Bühnenjahren auf eine letzte Abschiedstournee. Kurz vor der Abfahrt schaffte es Bassist Gene Simmons mit einer spannenden Aussage in die Schlagzeilen: „Wenn du die Welt vereinen willst, gründe mehr Rockbands, nicht politische Parteien und Religionen."[4]

Mehr Rock, weniger Religion, das ist mal interessant! Und mit dem Wurm im Ohr sind wir mittendrin im ersten von zwölf Prophetenbüchern, denn Hosea reklamiert die Religion. Was dieses Buch und der Song von KISS gemeinsam haben? Mindestens so viel, dass es bei beiden allem Anschein nach um Sex geht. Hatte ich schon erwähnt, dass manche der Prophetentexte mindestens FSK 16 sind? Dafür darf ich natürlich jegliche Verantwortung auf die Bibel schieben. Bei KISS geht es um eine Nacht, in der sich die Liebe mit voller Kraft entlädt. Bei Hosea spielt die Familienplanung eine maßgebliche Rolle, wenn Gott reklamiert. Denn Sex wird zur zentralen Metapher und zum bevorzugten Kommunikationsmittel für das Verhältnis zwischen Gott und Menschen. Oder kurz: Hoseas Fortpflanzung wird zum bedeutungsschwangeren Bild für das, was Religion ausmacht. Klingt komisch, ist aber so ... allerdings beschäftigen wir uns in diesem Kapitel nur mit dem Ergebnis dessen, nicht mit dem Vollzug.

Hosea: „Retten!"

Aber dazu kommen wir erst nach einem groben Überblick. Diese Überblicke werden uns in jedem Kapitel begegnen und sollen helfen, ein wenig in die fremde Geschichte der Texte einzutauchen. Denn wie gesagt sind es alte Texte, die wir uns mal mehr, mal weniger mühsam zu eigen machen müssen.

Hosea als Name klingt im Hebräischen wie ein Hoffnungsruf in dieses Szenario hinein: „Retten!". Je nachdem, wie man den Namen herleitet, könnte er auch „JHWH hat gerettet!" bedeuten. Namen werden in diesem Kapitel noch eine große Rolle spielen, aber dazu kommen wir später.

Das Hoseabuch ist erkennbar in zwei Teile gegliedert. Die ersten drei Kapitel erzählen in groben Zügen die merkwürdige Geschichte von Hosea und seiner Familie, genauer gesagt von einer symbolischen Handlung, die er durchführt, indem er Sex hat. Die Kapitel 4–14 geben dann die eigentlichen prophetischen Worte wieder.

Die Tätigkeit unserer ersten Prophetenfigur liegt der Erzählung zufolge etwa in den Jahren 760–747, also kurz vor der Zerstörung des Nordreiches, wo er selbst übrigens wirkt. Hosea blickt zwar auch immer mal wieder auf das Südreich Juda, diese Teile wurden aber vermutlich später hinzugefügt, als das Südreich das gleiche Schicksal ereilt hatte. Die Vernichtung des Nordens klingt hier und da schon deutlich an, sie wird aber nicht einfach dokumentiert, sondern gedeutet und mit den Verfehlungen des Volkes begründet.

Etwas präziser formuliert geht es um die Verfehlungen der religiösen Elite, der Priesterschaft (Hosea 4,2). Das Hoseabuch nimmt im Großen und Ganzen betrachtet die fromme Praxis ins Visier, also die Art und Weise, wie das Volk mit Gott umgeht. Der Prophet wirft ihnen vor, dass sie mit anderen Göttern geflirtet haben, offenbar weil sie nicht verstehen, wie Gott eigentlich ist. Statt das Wesentliche einzusehen, halten sie sich mit religiösen Nebensächlichkeiten auf, halten ihre Opferrituale und dergleichen für wichtiger als das, was eigentlich wirklich wichtig ist: Gott selbst. Kein Wunder für Hosea, dass das einen Sittenverfall zur Folge hat. Das klingt dann etwa wie folgt:

> **Hosea 4,1–2:** Hört das Wort *G*ttes*, Kinder Israels, denn *G*tt* hat einen Streit mit den Bewohner*innen des Landes. Denn es gibt keine Treue, es gibt keine Liebe, es gibt keine Erkenntnis Gottes im Land. Fluchen, Lügen, Morden, Stehlen, Untreue – das bricht sich Bahn und Bluttat reiht sich an Bluttat.

Was ist Religion?

Damit steht so einiges im Raum, und in all dem reklamiert Hosea die Religion. Das ist natürlich kein Titel, der sich aus dem Buch selbst ergibt, denn die Texte sind älter als der ohnehin schwierige Begriff der Religion.[5] Es ist lediglich eine bzw. meine Idee, das Buch einmal auf diese Weise zu lesen, mit Blick auf die Religion.

In der Zeit der Propheten lässt die sich aber nur schwer von anderen Lebensbereichen unterscheiden, weil sie alles durchdringt. Jede Kultur und Politik ist in einem einfachen

Sinne immer auch religiös und enthält einen göttlichen Bezug. Dafür braucht es demnach auch kein eigenes Wort. Das Hoseabuch unter diesem Titel zu betrachten, ist daher ein wenig geschummelt, denn wir lesen den antiken Text mit einer modernen Brille. Das bedeutet unter anderem, dass wir nicht einfach das sehen, was ursprünglich gemeint war, sondern dass wir bewusst nach dem suchen, was gegenwärtig bedeutsam sein könnte.

Es stellt sich aber noch die Frage, was Religion eigentlich ist. Die Fülle der Möglichkeiten macht es nicht gerade leicht, die Frage zu beantworten, weil uns ganz unterschiedliche Prägungen damit verbinden. Für mich ist Religion, wenn Menschen dem Unergründlichen im Leben begegnen; wenn sie vor der Unendlichkeit staunen, sich von den Höhen des Daseins bewegen lassen und wenn sie vor den Abgründen erschrecken. Anders gesagt: Religion ist, wenn Menschen mit Gott in Berührung kommen. Das soll unsere Brille sein. Meine These über das Hoseabuch ist, dass es genau darum geht: Ob und wie Menschen in Berührung mit dem Göttlichen kommen, woran man das Göttliche erkennt und dass man es durchaus auch mit anderem verwechseln kann.

Hosea und die Liebe

Aber nun endlich zum Propheten. Nach ein paar Hintergrundinformationen steigt das Buch steil ein, indem es Gott zu Hosea sagen lässt:

> **Hosea 1,2:** Geh und nimm dir eine Hure zur Frau
> und (zeuge) Hurenkinder ...

Oha. Gemeint ist mit der Hurerei übrigens keine Prostitution im engeren Sinne, sondern eher eine sexuelle Zügellosigkeit. Die Bibel in gerechter Sprache übersetzt z. B.: „eine, die es mit vielen treibt".[6] Wir erinnern uns und lesen es vor allem als Metapher für die Beziehung zwischen Gott und dem Volk. Dem merkwürdigen Auftrag folgt die Begründung auf dem Fuß:

> **Hosea 1,2:** ... denn das Land hurt herum, weg von *G*tt*.

Irgendetwas im Verhältnis zwischen Gott und den Menschen scheint nicht zu stimmen. Durch unsere Brille betrachtet: Die Religion scheint aus dem Ruder gelaufen zu sein. In der Sprache des Hoseabuches: Die Menschen haben offenbar vergessen, zu welchem Gott sie eigentlich gehören und was sie an dieser Gottheit haben.

Hosea lässt sich den Auftrag zum Kinderzeugen nicht zweimal sagen und tut es dreimal. Ziel der Aktion ist es, den Kindern ganz bestimmte Namen zu geben, um die religiöse Schieflage des Volkes zu verdeutlichen. Ein ziemlich skurriler Grund zur Fortpflanzung. Nehmen wir es mal so hin. Der erste Name ist Jesreel. Der ist schwierig zu deuten, soll aber jedenfalls das Ende des Nordreichs andeuten. Das passiert bekanntlich etwa 25 Jahre nach Hosea im Jahr 722. Für uns interessanter sind die beiden anderen Namen, die uns ab jetzt begleiten werden. Das zweite Kind soll Lo-Ruhama heißen, „kein Erbarmen!", und das dritte Lo-Ammi, „nicht mein Volk!".

Die Namen klingen an sich schon ein wenig außergewöhnlich, genau betrachtet sind sie sogar spektakulär. Denn man muss sich einmal bewusst machen, was hier passiert. Wenn die Namen eine Botschaft transportieren, dann ruft hier der Gott des Erbarmens: Schluss mit dem Erbarmen! Und der Gott dieses Volkes schreit heraus: Ihr seid nicht mehr mein Volk! Als würde der Papst sagen: „Ich glaube eigentlich an gar nichts." Und Uli Hoeneß ließe verlauten: „Der FC Bayern ist nicht mehr mein Verein!" Oder so. Etwas in diese Richtung lässt das Hoseabuch Gott sagen. Spürst du diesen Widerspruch? „Kein Erbarmen", ruft der Gott des Erbarmens seinen Menschen zu. „Nicht mein Volk!", ruft die Gottheit, die sich gerade dieses Volk ausgesucht hatte. Was passiert hier?

Hier haben sich zwei auseinandergelebt, Gott und Mensch. Entfremdung könnte man das nennen. „Passiert!", könnte man denken. Aber die Tragik ist, dass die zwei gar nicht ohneeinander können. Die Menschheit hat sich auf tragische Weise von dem entfremdet, was ihr überhaupt erst das Leben ermöglicht. Der Mensch hat sich vom Ursprung seiner Existenz entfernt. Das, was den Grund seines Daseins ausmacht, ist dem Menschen fremd geworden.

Entfremdung. Vielleicht könnte man Hosea so lesen. Das Buch erzählt mir dann davon, wie Gott den Menschen fremd geworden ist. Und im Umkehrschluss erinnert es mich an das, was wesentlich zum Leben ist. Besonders im Sinne der Reklamation: Was ist eigentlich grundlegend für meine Religion? Was ist entscheidend für meine Begegnung mit Gott? Wie glaube ich?

In mancher kirchlichen Tradition haben wir diese Frage ein bisschen verlernt. Man hegt dann den Wunsch, die ganze Bibel in all ihren Bruchstücken möglichst ernst zu nehmen und bloß kein Krümelchen unter den Tisch fallen zu lassen. Das ist ja zunächst ein äußerst ehrenwertes Anliegen. Aber die Kehrseite ist, dass plötzlich alles gleich wichtig ist, selbst die widersprüchlichsten Dinge müssen dann irgendwie zusammenstimmen. Und im Kampf um den Krümel vergessen wir den Kuchen.

Oder das Brot. Wir fragen nicht mehr, wie wir Gott überhaupt und eigentlich glauben.

Die Namen der Prophetenkinder erzählen mir davon, dass Gott nicht irgendwie ist, sondern dass Gott so eine Art Charakter hat. Sie rufen mir in Erinnerung, dass es tatsächlich Seiten am Göttlichen gibt, die wichtiger sind als andere. Manches steht im Fokus, anderes bleibt dahinter unscharf, ohne völlig zu verschwinden. Ein bekanntes Beispiel ist dieses: Wenn man sagt, dass Gott vor allem anderen die Liebe ist, dann kann es passieren, dass ein „Aber" folgt. „Ja, Gott ist Liebe, aber Gott ist auch gerecht!" Oder was auch immer nach dem „Aber" folgt. Mit Lo-Ruhama und Lo-Ammi könnte und will ich auf das „Aber" antworten: Mag sein. Es mag sein, dass das Göttliche mit Liebe zu einseitig oder wenigstens zu einfach beschrieben ist. Aber es ist das, was ich scharf sehen kann, eine Liebe, die sich in Erbarmen und Gemeinschaft auslebt! Ich verliere gern manch andere Schattierung meiner Vorstellung von Gott, solange mir diese Liebe bleibt.

Hoseas Kinder erzählen mit ihren Namen von zwei Fluchtpunkten im Gottesbild, auf die alles zuläuft und an denen sich alles andere orientiert: Sie erzählen von Erbarmen und Gemeinschaft. Kann man Hosea so lesen? Vielleicht. Wenn es geht, dann lässt sich der Gedanke mit den beiden Namen weiter durchbuchstabieren: Kein Erbarmen, weil der Gott des Erbarmens fremd geworden ist. Weil die Gottheit des Erbarmens mir selbst manchmal so fremd ist. Kein Erbarmen, weil ich es gar nicht mehr (von Gott) erwarte.

Manchmal kann und will ich mir nicht vorstellen, dass das göttliche Erbarmen unendlich ist. Mir fehlen Sinn und Geschmack für diese erbärmliche Unendlichkeit, weil mein Erbarmen und mein Wunsch nach Gemeinschaft sehr enge Grenzen haben. Ja, manchmal will ich Gott lieber genau so reden hören, wie Hosea ihn sagen lässt:

> **Hosea 2,8:** Also umzäune ich ihren Weg mit Dornen und mauere sie komplett ein, damit sie ihren Pfad nicht findet.

Das Miteinander bekommt spitze Stacheln, wo wir uns vom Erbarmen lossagen. Irgendwann lebe ich wie eingemauert, wenn ich die Gemeinschaft aufgebe. Davon reden die Namen der Kinder: „Kein Erbarmen", weil der Gott des Erbarmens fremd geworden ist. „Nicht mein Volk", weil der Gott, der eigentlich auf unserer Seite ist, fremd geworden ist. Stein um Stein hat sich eine Mauer zwischen Menschen aufgebaut und sie von der Nachsicht entfremdet, die doch jeder Mensch zum Leben braucht.

Irgendwann sehen Menschen ihren Gott nicht mehr an ihrer Seite. Dann ruft ein göttlich-ablehnendes „Nein" uns oft lauter zu als das göttlich-annehmende „Ja". Weil die Anklage meines Lebens mich lauter anschreit als jeder Trost. Weil mir Gott plötzlich nicht mehr ein „Ich bin da" ist, sondern ein „Ich bin dann mal weg". „Nicht mein Volk", weil der Gott, der doch eigentlich an unserer Seite ist, fremd wirkt.

Wenn Hosea die Religion reklamiert, dann ruft er nach der Überwindung der Entfremdung. Dann reklamiert der Prophet, sich wieder dem Wesentlichen zuzuwenden und Gott zu erkennen, wie es immer wieder im Text heißt: als Kraft, die sich erbarmt und immer auf der Seite des Lebens steht. Auf unserer Seite! Auf deiner Seite!

Stattdessen laufen Menschen allen möglichen Versprechungen hinterher und erwarten sich das pralle Leben von ihnen.

> **Hosea 2,7:** Ja, ihre Mutter hat rumgehurt! Die, die sie geboren hat, hat Schande über sich gebracht, denn sie sagte: „Ich will meinen Liebhabern nach-

laufen, die mir Wasser und Brot geben, Wolle und Leinen, Öl und Getränke."

Leider laufe ich mit. Warum rennen wir als Menschheit so wild umher, suchen die Befriedigung unserer Sehnsüchte in allerlei Besitz und Profit, in Kapital und Wachstum? Es scheint fast so, als klammerten wir uns allein an das, was uns wirtschaftlich über Wasser hält. Der Markt regelt sich und rettet uns. Wer soll das glauben?

Hoseas Idee von der Religion verschiebt die Prioritäten radikal, nämlich genau hierhin: zu Nachsicht und Zusammenhalt. Die Glaubensvariante Hoseas vergöttert solche „soft skills" geradezu. Sie baut darauf, dass es nicht nur eine zweite und dritte Chance gibt, sondern unendlich viele. Wie gern möchte ich mein eigenes Leben an diese Gottheit binden, die immer auf unserer Seite steht. Die uns in einem Erbarmen begegnet, das manchmal unerträglich ist. Die uns mit einer unendlichen Gnade behandelt, wie wir sie uns selbst nur selten zugestehen würden. Eine Gottheit, die genau so klingt:

> **Hosea 11,9:** Ich will die Flammen meines Zorns nicht anfachen, Ephraim nicht noch einmal vernichten – denn ich bin eine Gottheit und kein Mann, in deiner Mitte heilig, und komme nicht in glühendem Zorn.

Darf das mein Gott sein? Lassen wir diese Idee das Wesen unserer Religion sein? Ist das die Erwartung, mit der ich nach dem Göttlichen suche? Ist das meine Glaubenshypothese? Das Hoseabuch scheint zu ahnen, dass darin die faszinierende Kraft des Göttlichen liegt. So will ich es jedenfalls lesen, wenn Hosea sagt:

Hosea 11,10: Sie werden *G*tt* nachgehen, wie ein Löwe brüllt er. Wenn er brüllt, zittern die Kinder vom Meer herbei.

Zitternd, weil das kaum zu glauben ist. Ein bisschen skeptisch, weil die Nachsicht uns eben fremd ist. Zweifelnd, weil ich das Göttliche nicht unbedingt auf meiner Seite vermute. Aber die Kinder Gottes kommen, und ich will mit ihnen zu diesem Gott des Erbarmens kommen, zum Gott auf meiner Seite.

Brüder und Schwestern

Es steckt sogar noch ein bisschen mehr drin: Wenn Hosea die Religion reklamiert, dann hofft er darauf, dass die Brüder wieder „Mein Volk“ heißen und die Schwestern „Erbarmen“.

Hosea 2,3: Ihr sollt eure Brüder „Mein Volk“ nennen und eure Schwestern „Erbarmen“!

Der Prophet hofft, dass Gott wieder ganz genauso im Land bekannt ist, wie Gott sich selbst vorgestellt hat: als Erbarmen, als Gott aufseiten der Menschen. Die Stimme des Hoseabuches schreit die Hoffnung heraus, dass die Entfremdung vom Leben überwunden wird.

Mit Hosea hoffe ich selbst, dass mir immer neu wichtig wird, was wirklich dem Leben dient. Und wenn ich Hosea mal ganz hart auf diese beiden Namen seiner beiden jüngeren Kinder reduziere, dann dient es dem Leben, wenn Menschen sich mit nachsichtigem Erbarmen begegnen. Wenn wir den Menschen und uns selbst nicht immer und immer wieder vorhalten, was uns misslingt, was uns geschieht und was wir womöglich sogar absichtlich verbocken. Meine Hoseahoffnung ist, dass wir auch die zum „Volk“ zählen, die uns fremd sind, weil wir uns in aller Unterschiedlichkeit als ein Menschenvolk verstehen lernen, weil wir Geschwister sind. Das ist nicht leicht und funktioniert nicht automatisch. Womöglich ist es sogar Utopie, ein Nicht-Ort, aber:

> **Hosea 2,1:** So wird es sein: Am Ort, wo man zu ihnen sagte „Nicht mein Volk!“, wird man zu ihnen sagen: „Kinder des lebendigen Gottes!“

Und es geht noch weiter:

> **Hosea 2,2:** Und die Kinder Judas und die Kinder Israels werden sich zusammenraufen.

Die aus dem Norden und die aus dem Süden. Hier wird ein Idyll gebaut, in dem die Völker sich mit Erbarmen begegnen. Das klingt nach Träumerei ... aber stell es dir mal vor! „Imagine“, wie John Lennon singt.[7]

Ein letzter, hoffentlich abrundender Gedanke: Hosea reklamiert die Religion. Doch das Zusammenkommen von Menschen und Völkern selbst ist kein religiöser Vorgang, denn er ist endlich. Er lässt sich in Verträgen festhalten, in Zahlen und Zeiten messen und so weiter. Erbarmen an sich ist nicht Religion, Solidarität an sich ist es nicht. Sondern Religion ist das unendliche Staunen darüber, dass Erbarmen passiert! Religion ist die Ahnung einer unendlich geheimnisvollen Kraft, die das Zusammenkommen gelingen lässt! Religion ist der Ausdruck dafür, dass wir einen Sinn dafür und einen Geschmack davon bekommen haben, was geschehen kann, wenn Gott reklamiert.

Ob Gene Simmons von KISS recht hat, dass Rockbands die Welt besser vereinen als die Religionen, sei dahingestellt. Oft stimmt es wohl wirklich. Aber mit einer Sache hatte er ganz sicher recht: Menschen sind tatsächlich gemacht, um zu lieben. „I was made for loving you". Ganz bildlich gesprochen, würde Gott vielleicht selbst so etwas singen. Das klingt aus göttlichem Mund dann so:

> **Hosea 6,6:** Ja, an der Liebe habe ich Gefallen, aber nicht am Opfer; an der Erkenntnis Gottes mehr als am Brandopfer.

Wenn Hosea die Religion reklamiert, dann reklamiert er genau das: das Wesentliche zu erkennen und über das Unendliche zu staunen. Der prophetische Aufruf an die Religion lautet, die Liebe Gottes zu leben, die sich in einem Miteinander voller Nachsicht zu erkennen gibt. Daran wird sich auch beim großen Propheten des Neuen Testaments nichts ändern, das gilt es zu lernen und zu begreifen (Matthäus 9,13; 12,7). Denn so geht Religion.

Ob wir dem Hoseabuch damit so ganz gerecht werden? Vermutlich nicht. Aber das wäre okay, wenn uns der Gott des Erbarmens und der Gott der Gemeinschaft ein bisschen weniger fremd geworden ist.

Joel reklamiert die Umwelt

Am 20. August 2018 kam mit dem ersten Schulverzicht der schwedischen Schülerin Greta Thunberg eine Bewegung ins Rollen, die Gesellschaft und Politik monatelang beschäftigte. Ein durchschlagender Erfolg steht leider noch immer aus, aber wenigstens hat es das Anliegen neu und massentauglich ins Bewusstsein geschafft. Mehr Engagement für den Schutz unseres Planeten ist mittlerweile keine allzu außergewöhnliche Forderung mehr. Kinder und Jugendliche weltweit verzichteten auf einen Tag Schule, um den vermeintlich Erwachsenen geradezu prophetisch ins Gewissen zu rufen. Mindestens so viel ist erreicht, dass Klimawandel und Umweltschutz nicht mehr nur bei denen auf dem Zettel sind, die ohnehin schon ein Gespür dafür hatten. Jede Bewegung provoziert zwar auch Gegenbewegungen, es kommt aber kaum noch jemand daran vorbei, sei es zustimmend oder in Abgrenzung. Egal zu welcher Seite du tendierst: Eine ganze Menge an Menschen macht sich Sorgen um unseren Planeten. Und allem Anschein nach tun sie das aus sehr guten Gründen.[8]

Auch die Bibel wartet seit jeher mit Überlegungen über unsere Umwelt auf. Immerhin beginnt sie in einem paradiesischen Garten (nicht in einer Stadt) und damit, dass sie die Natur ausgiebig feiert:

Genesis 1,1+2,8: Am Anfang schuf Gott den Himmel und die Erde. [...] Und der Gott „*G*tt*“ pflanzte einen Garten in Eden, im Osten, und setzte die von ihm geformte Menschheit dort hinein.

Zugegeben: Im weiteren Verlauf der Texte ist das nicht unbedingt ein Hauptthema, von einigen Ausnahmen abgesehen. Ansonsten dreht sich die Bibel doch mehr um Politik und ein (mal mehr, mal weniger) friedliches Miteinander. Trotzdem blitzt sie immer wieder auf, diese Erinnerung, dass unser Leben in einer natürlichen Umwelt stattfindet, dass wir selbst Teil dieser umgebenden Natur sind und ohne diese Grundlage so gar nichts zu lachen hätten. Ganz besonders begegnet mir solch ein Ruf bei Joel, er erinnert mich an die Natur und schreit mir die Umwelt neu ins Bewusstsein.

Doch das tut das Joelbuch in einer ganz bestimmten Perspektive, weil auch hier im weitesten Sinne zuerst einmal die „Religion“ im Blick ist, denn der Prophet beschreibt einen Glauben und fragt vor allem nach Gott. Immer wieder heißt es: Wo ist eigentlich Gott? Und was haben Glaube und Umwelt miteinander zu tun?

Joel: „JHWH ist Gott“

Doch zunächst ein Überblick: Das Joelbuch ist mit seinen vier Kapiteln ganze zehn Kapitel kürzer als Hosea, also ein echter Kleiner Prophet. Das gibt uns die Möglichkeit, diesen Prophetentext ausnahmsweise einmal „komplett“ in den Blick zu nehmen, zumindest schauen wir in jedes Kapitel. Der Name Joel bedeutet „JHWH ist Gott“ und klingt fast wie eine Erinnerung an diesen Gott. Warum das so ist, wird der Inhalt zeigen.

Es ist sehr umstritten, wann das Buch entstanden ist. Die Annahmen reichen vom achten bis ins dritte Jahrhundert. Das Problem der Datierung ist, dass es kaum Andeutungen im Text gibt, an denen man sich historisch orientieren könnte. Wenn sonst etwa vom Untergang des Nordreiches die Rede ist, dann weiß man: Aha, dieses Ereignis kennen die Autor*innen schon, also befinden wir uns in der Zeit nach 722. So etwas gibt es bei Joel nicht. Am wahrscheinlichsten scheint den Expert*innen eine Entstehung einige Zeit nach dem Exil. Das ist jedoch gar nicht so wichtig, weil die konkrete Geschichte bei Joel praktisch keine Rolle spielt. Viel wichtiger als die Zeit ist der Inhalt. Und gerade, weil der sich so schwer datieren lässt, erscheint er buchstäblich zeitlos.

Schauen wir uns diesen Inhalt an. Man kann das Buch relativ gut anhand der vier Kapitel gliedern. Die ersten beiden Kapitel beschäftigen sich mit der Umwelt, einmal als Katastrophenszenario und einmal als schimmerndes Hoffnungsbild. Danach gibt es einen deutlichen inhaltlichen Umschwung. Genau genommen muss man schon eine Weile überlegen, wie die Teile überhaupt zusammenpassen, denn das dritte Kapitel beschäftigt sich einigermaßen unvermittelt mit dem Geist, das vierte mit dem sagenumwobenen Gericht Gottes.

Immer wieder taucht im Buch der „Tag G*ttes" auf. Dieser Tag wird sozusagen als „running gag" inszeniert, er ist aber alles andere als witzig. In seinem Umfeld fallen so liebreizende Sätze wie:

> Joel 1,15: Oh, was für ein Tag! Ja, der Tag *G*ttes* ist nah, er kommt mächtig vom Allmächtigen.

> Joel 2,1–2: Alle, die im Land wohnen, sollen zittern: Ja, der Tag *G*ttes* kommt; ja, er ist nah. Ein

> Tag der Finsternis und Dunkelheit, ein Tag von Wolken und Gewitter.

> **Joel 2,11:** Ja, groß ist der Tag *G*ttes* und sehr zu fürchten – wer hält ihn nur aus?

Wie man das verstehen kann, dazu kommen wir am Ende noch. Wir werden uns die Prophetenworte aber nicht nur erklären, sondern wagen vielmehr den Versuch, uralte Texte für unsere Zeit brauchbar zu machen. Dazu greife ich heraus, was mir bedeutsam wird und etwas bei mir anklingen lässt. Ganz so, wie Luther es gesagt haben soll (hat er vermutlich nicht, zumindest lässt es sich nicht schriftlich nachweisen): „Ich lese die Bibel, wie ich meinen Apfelbaum ernte: Ich schüttle ihn, und was runterkommt und reif ist, das nehme ich. Das andere lasse ich noch hängen."

Die Umweltkatastrophe

Das Joelbuch kommt sofort zur Sache und wartet mit einer schaurigen Naturbeobachtung auf. Ein Heuschreckenschwarm fällt über das Land her und zerstört die Lebensgrundlage für Mensch und Tier (abgesehen von den Heuschrecken natürlich). Bis auf den allerletzten Grashalm wird die Natur kahlgefräst und zur Einöde verwandelt.

> **Joel 1,4:** Was die Raupe übrig ließ, fraß die Heuschrecke; was die Heuschrecke übrig ließ, fraß der Grashüpfer; was der Grashüpfer übrig ließ, fraß die Larve.

Mit Heuschrecken habe ich relativ wenig am Hut, zumindest hege ich keine allzu großen Sympathien für sie. Ich erinnere mich noch an eine kindheitliche Begegnung mit einem riesigen grünen Heuschreck, vielleicht hängt mir das nach. Oder ist es der schlichte Umstand, dass sich die Anzahl der Fluginsekten laut Bundesumweltministerium während meiner bisherigen Lebzeiten um fast 80 Prozent reduziert hat? Vor einigen Jahren gab es bei uns im Ort nach einem landwirtschaftlichen Düngerunfall eine üppige Fliegenplage, das war eklig, aber eher keine Katastrophe. Anders ist es, wenn Heuschrecken einfallen. Das ist nun wirklich eine Katastrophe, denn da bleibt kein Blatt grün, da werden ganze Landstriche zerstört. Die Folgen kann man sich ausmalen oder nachlesen, denn immer wieder kommt es auch heute zu solchen Szenarien.[9]

Obwohl die Bilder überall online verfügbar sind, ist solch ein Heuschreckenüberfall nicht meine persönliche Erfahrung. Deshalb bleibt es in meinem Kopfkino auch nicht bei Heuschrecken, sondern mir drängt sich eine Collage anderer Naturkatastrophen auf: Tsunamis, Erdbeben, Lawinen, ... Doch auch dabei bleibt es nicht. Darunter mischen sich weitere und andere Bilder von der Zerstörung ganzer Landstriche. Ich habe vor Augen, wie mancher Tagebau die Planetenhaut aufreißt, wie die Lithiumgewinnung ganze Regionen zu Verliererinnen macht, wie durch Rodungen die Erdenlunge brennt und wie die Meere der Welt im Plastik ertrinken.

> **Joel 1,12:** Der Weinstock vertrocknet und die Feige verwelkt. Der Granatapfel ebenso wie die Palme und der Apfel – alle Bäume auf dem Feld sind verwelkt. Ja, verwelkt ist die Freude der Menschenkinder.

„Verwelkt ist die Freude“ – was für ein schauerlich passendes Sprachbild für ein bedrückendes Gefühl: Mir welkt die Freude dahin, unsere Umwelt so vielfältig verwelkt zu sehen. Mir verdorrt das Schöpfungsstaunen, wenn ich unsere Natur so verletzt sehe.

Das buchstäbliche Verwelken der Freude an sich ist schon tragisch. Wir stellen aber nicht nur die Frage nach der Natur, sondern auch nach Gott. Es geht hier nicht um realistische Einschätzungen der globalen Umweltlage oder gar realpolitische Lösungsmöglichkeiten. Mich interessiert, was die besondere Perspektive der Religion sein könnte. Wie eröffnet mir Joel einen Sinn für das Unendliche?

Was mir das Prophetenbuch in schauriger literarischer Schönheit vermittelt, ist zunächst ein unendliches Entsetzen über die Zerstörung von Umwelt und Natur! Wie und wo auch immer sie geschieht. Joel bewahrt mir ein Jammern (so nach der Lutherübersetzung) darüber, was mit unserem Planeten, unserer Umwelt, unserer Mitwelt geschieht.

In der Religion verewigt sich aber noch mehr. Im Glauben liegt eine bestimmte Weise, den Jammer über die Natur zu erleben. Die Frage nach Gott komponiert die feinen Zwischentöne des unendlichen Freudenverlustes angesichts der verendenden Natur zu einer bewegenden Sinfonie.

Endliches und Unendliches kommen und gehören zwar immer zusammen, sie sind aber nicht dasselbe. Das heißt: Religion ist nicht zuerst eine Sache von Sozialverträglichkeit, Nachhaltigkeit, Naturschutz und Umweltpolitik. Sondern Religion will aufmerksam sein, ob und wie wir in all dem die Stimmen Gottes hören.

Das ist aber gar nicht so leicht. Die biblischen Erzählungen versuchen, uns in dieses Hören mit hineinzunehmen und brauchen dafür Hunderte von Jahren, Unmengen an Seiten und einen riesigen Chor aus Menschenstimmen. Die Stimmen Gottes zu hören ist so schwierig, weil wir mitten in der Endlichkeit versuchen müssen, das Unendliche zu hören. Weil wir mit ganz und gar weltlichen Bildern versuchen müssen, das Göttliche zu beschreiben. Doch genau das erhoffe ich mir von meinem Glauben: Ich bin auf der Suche nach dem Unendlichen im Endlichen, suche den himmlischen Gott mitten im manchmal unterirdischen Leben. Nur ist das eben nicht so einfach.

Bei Joel finde ich einen schönen Versuch, das Göttliche mit den Vorgängen in der Umwelt zusammenzubringen:

> **Joel 1,13:** Denn dem Haus eures Gottes werden Trank- und Speiseopfer vorenthalten.

Ja, ja, ich weiß, der Zusammenhang ergibt sich nicht von selbst, sondern ist ein wenig um die Ecke gedacht. Der Weg führt über eine bestimmte Interpretation der Idee vom „Opfer“. Daher ein ganz kleiner Exkurs: Opfer sind in der Welt des Textes die unmittelbaren Fundorte für das Göttliche. Dort begegnen Menschen ihrem Gott. Hier erleben Menschen, dass Gott auf sie zukommt. Gott stiftet eine Möglichkeit zur Gemeinschaft, und zwar nicht bloß auf einem spirituellen Weg, sondern materiell greifbar in den Opfergaben. Das ist mir weitgehend fremd und lässt sich nicht einfach übernehmen. Daher interpretiere ich es vereinfacht so: „Opfer“ ist all das, wo Menschen die Unendlichkeit des Lebens mitten in der Endlichkeit erleben, mitten in der greifbaren Umwelt. „Opfer“ geschieht, wenn Gott sich zeigt. Verstehen wir das Opfer für den Moment einmal so: Menschen erleben darin das Göttliche. Genau das ist es, was ich suche!

Zurück zu Joels Entsetzen über die Naturzerstörung. Dass die Umwelt als Lebensgrundlage zerstört wird, ist das eine und extrem tragisch. Erstaunlicherweise spielt das für den Propheten aber fast keine Rolle, wenn er über die Folgen der Plage nachdenkt. Er beklagt sich nicht ausdrücklich über Hunger und Durst, höchstens bei den Tieren ist das angedeutet (Joel 1,18), die übrigens insgesamt eine recht große Rolle spielen. Das einzige ausdrückliche Leiden für die Menschen scheint zu sein, dass ohne Lebensmittel auch kein Opfer im Tempel mehr möglich ist. Im Sinne unseres Exkurses heißt das, dass keine Gottesbegegnung mehr möglich ist, Gott wird nicht mehr erlebt. Die religiöse Tragödie in der Katastrophe ist der Verlust der Gottesbegegnung.

Das finde ich überaus spannend! Mir scheint, als wollte der Prophet neben dem Offensichtlichen (Not und Verwüstung) eine ganz andere Perspektive eröffnen: den Blick für das Göttliche. Was den Gottesreklamierer hier am schlimmsten zu bedrücken scheint, ist der Verlust Gottes. In der Zeit übelster Not geht ihm Gott verloren, weil er Gott nicht mehr erlebt. „Wo ist nun Gott?“, wird es später heißen (Joel 2,17). „Wo ist euer Versorgergott, wenn ihr verhungert?“ Was für eine beißende Rhetorik! Sie stellt Gott zutiefst infrage. Genau das ist Joels Thema: Der Gott, der eigentlich versorgt und als Versorger verehrt wird, versorgt nicht mehr. Bitte, was für eine Gottheit soll das sein, die ihrer Kernkompetenz nicht nachkommt?

Vielleicht kennst du diese schmerzhafte Infragestellung Gottes aus anderen Zusammenhängen. Die Frage nach Gott brennt besonders da, wo ich Gott nicht so erlebe, wie ich mir das Göttliche eigentlich vorstelle. Auch das Joelbuch entfaltet (neben der Versorgung) eine Idee von Gott:

> **Joel 2,13:** Denn er ist gnädig, barmherzig, geduldig und voller Liebe; über dem Unheil hat er Mitleid.

Wo ist der Gott der Gnade und Barmherzigkeit, wenn sich die Unbarmherzigkeit wie ein blutroter Faden durchs Leben zieht? Wo ist der Gott der Geduld, wenn du schon deine liebe Mühe damit hast, mit dir selbst geduldig zu sein? Wo ist der gute Gott, wenn sich das Leben wieder einmal anfühlt wie ein Griff ins Klo? Wo ist dieser Gott? Es ist zum Heulen, findet Joel:

> **Joel 1,13:** Gürtet euch und klagt, ihr Priester! Heult, ihr Altarbeamten! Kommt, verbringt die Nacht im Trauerkleid!

Was für eine Katastrophe: Gott ist uns verloren gegangen! Weil der Gott, der doch eigentlich versorgt, genau das nicht mehr macht. Weil der Himmel nicht mehr tut, was sich für einen Himmel gehört. Weil das Göttliche bis zum Verzweifeln infrage steht, wenn die Umwelt nicht den Himmel spiegelt, sondern die Hölle.

Die Umwelthoffnung

Bis hierher wird erst einmal ungeschönt wahrgenommen. Im zweiten Kapitel geht es zunächst düster weiter, der Heuschreckenschwarm wird bildgewaltig beschrieben wie eine Armee, die in eine Stadt einfällt.

> **Joel 2,3–7:** Wie der Garten Eden ist das Land vor ihm, nach ihm verwüstete Einöde, es gibt kein Entrinnen vor ihm. Ihr Aussehen ist wie das Aussehen von Pferden, wie Rosse rennen sie. Sie machen Geräusche wie Streitwagen, wenn sie über die Berggipfel tanzen. Sie machen Geräusche wie eine

> Flamme im Strohfeuer, wie ein mächtiges Volk, das sich zum Krieg sortiert. Bei ihrem Anblick winden sich die Völker vor Schmerz, alle Gesichter laufen glutrot an. Wie Helden rennen sie, wie Krieger klettern sie auf die Mauer. Alle gehen ihren Weg, keiner verlässt seinen Pfad.

Man kann die Katastrophe und das Entsetzen fast am eigenen Leib spüren. Mitten hinein in diese Szenerie klingt ein Ruf zur Umkehr, was typisch ist für die Prophetenbücher, denn ein Unglück ist für sie eigentlich immer die „Schuld" der Menschen. Das ergibt bei solch einem Naturphänomen natürlich nur bedingt einen Sinn, wenn man es als kausalen Zusammenhang versteht. Aber erinnern wir uns daran, dass hier nicht Tatsachen festgehalten werden, sondern nach Bedeutung gesucht wird. Solch ein natürliches Ereignis kann dann zum Zeichen dafür werden, dass in der eigenen Lebensführung etwas nicht stimmt, selbst wenn beides gar nichts miteinander zu tun hat. Das Erleben lässt sich trotzdem nicht wegreden, wenn die Natur auf ihre Weise zu „reden" beginnt. Nebenbei: In unserer Epoche könnte man Joel sehr viel unmittelbarer beim Wort nehmen, denn dass unsere Lebensführung einige Auswirkungen auf Naturphänomene hat, bezweifelt kaum noch jemand. Ob ich sie aber wirklich schon laut genug reden höre, da bin ich mir nicht sicher.

Interessanterweise enthält das Prophetenbuch kein Wort darüber, von welchem Unverhalten die Leute umkehren sollten. Das war bei Hosea sehr breit entfaltet. Joel hält sich bedeckter und macht nur einen Aufruf:

> **Joel 2,13:** Zerreißt euer Herz, nicht euer Kleid, und wendet euch *G*tt* zu, eurem Gott. Denn er ist gnä-

dig, barmherzig, geduldig und voller Liebe; über dem Unheil hat er Mitleid.

Noch ein kleiner Exkurs: Die Lutherbibel übersetzt „Unheil" mit „Strafe", das ist aber hier und auch sonst äußerst unglücklich. Erstens, weil das hebräische Wort eigentlich Böses, Übel oder Unheil meint und es für das deutsche Wort „Strafe" gar keine Entsprechung im Hebräischen gibt. Noch aus einem zweiten Grund ist die Übersetzung Luthers ungünstig, denn es wird, wie gesagt, gar kein Vergehen genannt, das bestraft werden müsste. Man merkt also schon, dass wir es nicht mit einem kausalen Zusammenhang zu tun haben, auch nicht mit einer (im weitesten Sinne) juristischen Angelegenheit. Wir erfahren vielmehr, wie die Natur zu Menschen geredet hat, oder präziser, wie Menschen durch ein Umweltereignis Gott sprechen hören. Dann kann tatsächlich der eigenen Lebensweise im Licht der gegenwärtigen Katastrophenerfahrung eine Bedeutung abgewonnen werden oder hier wohl besser „abverloren", denn das Phänomen redet ja vom Verlust Gottes.

Doch es bleibt nicht beim Verlust. Gegen Ende des Kapitels erscheint ein Ausblick auf das, was passieren könnte, wenn Gott tatsächlich Mitleid bekommt. Es eröffnet sich ein Blick auf den Moment, wenn Gott reklamiert. Plötzlich wirbt der Himmel für sich und fordert das Wohl seiner Leute ein:

Joel 2,21–22: Fürchte dich nicht, Erdboden, jauchze und freue dich, denn *G*tt* hat Großes getan. Fürchtet euch nicht, Tiere vom Feld, denn es grünen die verwüsteten Weiden. Ja, der Baum trägt seine Frucht, Feige und Weinstock entfalten ihre Kraft.

Die göttliche Dimension im Blick auf die Umwelt scheint nicht ganz neutral zu sein. Vielmehr hat sie etwas zutiefst Hoffnungsvolles. Sie ist eine Vision davon, wie es sein könnte. Religion ist, wie schon bemerkt, nicht selbst Naturschutz und Nachhaltigkeit. Keine Religion führt automatisch und zwingend zu einer bestimmten umweltpolitischen Handlung oder Haltung, denn das sind zwei verschiedene Dinge. Aber Religion kann eine Idee davon vermitteln, wie unsere Welt aussehen und sich anfühlen könnte. Sie kann sogar eine Überzeugung davon inspirieren, wie Umwelt eigentlich sein müsste, damit wir in ihr Gott wieder als Gott erleben. Damit wir dem Göttlichen begegnen, das wir als Schöpfer*in und Bewahrer*in feiern.

Das Schwierige daran ist, dass es noch immer die Stimmen des Unendlichen mitten im Endlichen sind. Das heißt, wir haben es nicht eindeutig vor uns, sondern sehr vieldeutig. Die Stimme Gottes ist kein Solo, sondern ein Chor. Sie erklingt nicht nur vielstimmig, sondern wird auch sehr verschieden gehört. Eindrücklich illustriert das die Bedeutungsspanne des hebräischen Wortes für Stimme, das allerlei akustische Signale umgreift. Allein bei Joel reicht es vom Wagen- und Flammenprasseln (2,5) über den Donner (2,11) bis hin zur Gottesstimme (4,16).[10]

Doch wie klingt eine göttliche Stimme heute? In der Version, die ich am liebsten höre, roden wir beispielsweise keine Wälder, um Braunkohle abzubauen, obwohl ich Strom ziemliche gut finde. In der Weltidee, die mich fasziniert, suchen wir nach Alternativen zum kaum erträglichen Lithiumabbau, obwohl ich unglaublich gern akkubetriebene Geräte nutze. In der Hoffnung, die mich begeistert, holzen wir nicht den Regenwald für Palmöl ab, obwohl ich mir sehr gerne Schokocreme aufs Brötchen schmiere. In der Vision, die mir einleuchtet, schiffen wir unseren Plastikmüll nicht in die Meere, obwohl ich manche Verpackungen echt praktisch finde.

Manchmal höre ich darin eine göttliche Stimme wortlos reden, weil mich ein merkwürdig eindringliches Gefühl beschleicht. Es sagt mir nicht, was ich zu tun oder zu lassen hätte, das muss ich selbst entscheiden. Was sie bei mir letztlich konkret bewirkt, bleibt offen. Was ich tue, bleibt am Ende immer meine Verantwortung, vor der ich mich nur drücken würde, wenn ich das eigene Handeln als von Gott geboten behaupte. Aber die Gottesstimme singt mir ein Lied ins Ohr, entwirft aufregende Harmonien von Welt und Schöpfung, in denen ich Gott wieder als Gott erlebe, in einer Umwelt, die zur Ruhe kommen durfte. Dann wird in mir aus der Stimme eine Stimmung, aus dem Hall eine Haltung.

Der Geist

Nach alledem könnte man auf die Idee kommen, diese Art von Religion sei nur etwas für spezielle Menschen mit besonderer Veranlagung oder Qualifikation. Etwas für solche, die merkwürdige Stimmen hören. Nicht bei Joel. Sich von der göttlichen Stimmung ergreifen zu lassen, ist hier gerade nichts, was nur einigen wenigen vergönnt ist. In Kapitel drei heißt es wie in einem Brausen vom Himmel:

> **Joel 3,1:** Und es wird danach geschehen, dass ich meinen Geist über alles Fleisch ausschütte. Und eure Söhne und Töchter werden als Prophet*innen auftreten, eure Alten werden träumen, eure Jungen werden Visionen haben.

Geist ist das, was mitschwingt, wenn ich die Welt betrachte. Geist ist das, was mir vorschwebt, wenn ich die Weite des Meeres bewundere wie ganz am Anfang, als die Natur gerade erst wurde, als die Erde wüst und leer war und Finsternis auf der Tiefe lag; da schwebte Geist über allem (Genesis 1,2). Geist ist für mich dieses Gefühl von dem, was aus dem Tohuwabohu werden könnte, aus dem Verwüsteten und Entleerten. Geist ist die Ahnung, was Gott daraus machen könnte; ein himmlischer Traum von dem, wie unsere Erde sein müsste; eine Ahnung davon, was eigentlich auf dem Wasser schweben und schwimmen sollte und was besser nicht.

Joel hat diese große Hoffnung, dass eines Tages die ganze Menschheit gemeinsam träumt: dass Männer und Frauen gemeinsame Ideen entwickeln, dass Alte und Junge gemeinsame Visionen verfolgen. Das Joelbuch hofft, dass solch eine Geistkraft nicht nur Mittelstand und Oberschicht berücksichtigt, sondern auch und gerade die gesellschaftlich Abgehängten:

> Joel 3,2: Und auch über Sklaven und Dienerinnen
> – an diesen Tagen schütte ich meinen Geist aus!

Das weckt in mir eine Hoffnung darauf, dass wir irgendwann alle gemeinsam von einer Welt für die Zukunft träumen und uns vorstellen, wie sie sein könnte. Der Prophet hofft auf eine Umwelt für heute, in der wir das Göttliche erleben. Geist über uns regnen zu lassen und dieses inspirierende Gefühl an uns heranzulassen, bedeutet dann aber auch, die Zeichen an Himmel und Erde zu erkennen:

> Joel 3,3–4: Und ich gebe Zeichen am Himmel und
> auf der Erde: Blut, Feuer und Säulen von Rauch.
> Die Sonne verwandelt sich in Finsternis, der Mond
> wird blutrot, bevor der große und furchtbare Tag
> *G*ttes* kommt.

Bevor der Tag kommt, bevor es zu spät ist! Die Zeichen sind Hinweisschilder in Richtung Untergang am Tag G*ttes, es sind die Vorzeichen der Katastrophe. Ein Sprung ins 21. Jahrhundert könnte an das Kohlendioxid „am Himmel" denken lassen. Oder das Makro- und Mikroplastik an allen nur erdenklichen Fleckchen „auf der Erde". Beides kannte Joel natürlich noch nicht. Ich kenne es, aber ist es mir auch ein Zeichen? Ist es mir schon mehr als eine bloße Tatsache? Löst es ein Erschrecken vor der Katastrophe aus und lässt es meine Schöpfungsfreude welken?

Interessanterweise erklingt das alles im Dunstkreis der Hoffnung. Wenn ich ganz sensibel hinhöre, dann könnte das Erschrecken eine mögliche Wende einläuten. Denn wer die Zeichen der Zeit erkennt, wird davon wohl nicht unberührt bleiben. Das lassen auch die Texte des Joelbuches spüren.

> Joel 3,5: Es wird so sein: Alle, die den Namen *G*ttes* rufen, werden sich in Sicherheit bringen können. Denn auf dem Berg Zion und in Jerusalem wird es sicher sein, so wie *G*tt* es gesagt hat: Zu den Überlebenden gehört, wer *G*tt* gerufen hat.

Joel ist so sehr von dieser Hoffnung begeistert, dass er sogar den unwahrscheinlichen Ausweg aus der Katastrophe erwartet. Er spekuliert allen Ernstes auf die Wende zum Guten und vertraut darauf, Gott wieder als Gott zu erleben. Als Schöpfer und Bewahrerin. Er glaubt, dass ein göttlicher Traum einmal Wirklichkeit werden könnte.

Damit ist allerdings noch nicht gesagt, auf welchem Weg es passiert. Es wird auch nicht gesagt werden. Daher bleibt es wichtig, Religion und Aktion zu unterscheiden. Dieser göttliche Traum entwirft das große Bild, doch daran zu arbeiten ist und bleibt unsere eigene Verantwortung. Bildlich gesprochen: Da sind manche vielleicht mit Buntstiften unterwegs, andere benutzen lieber Filzstifte, wer es elegant mag, malt in Öl und andere nach Zahlen. Oder noch einmal etwas theoretischer: Es ist nicht religiös oder gar christlich, Wälder zu schützen, freitags auf die Straße zu gehen oder auf Plastik zu verzichten! Das mag alles wunderbar und gut sein, weil es mir Farben für das große Gemälde an die Hand gibt. Doch für all das braucht es keine bestimmte Art zu glauben! Auch Menschen ohne religiösen Bezug können selbstverständlich solche anständigen Dinge tun. Und genauso können viele religiöse Menschen sie lassen. Man sollte ihnen deshalb nicht ihren Glauben absprechen.

Religion ist vielmehr der große Traum, der dich dazu motiviert, es zu tun oder (mit einem Zähneknirschen gesagt) es zu lassen. Glaube ist eine Idee davon, wie die Natur mit Gott zusammenhängt. Religion ist die Begleitmelodie meiner Lebensstimmung im Umgang mit meiner natürlichen Umwelt. Sie gibt mir nicht einfach vor, was ich tun soll. Aber sie begleitet all das, was ich tue und lasse.

Was ich meine: Sich als religiös, christlich oder biblisch zu bezeichnen legt zwar manche Dinge nahe, vielleicht sogar in umweltpolitischer Hinsicht. Aber wir machen es uns zu einfach und vor allem nehmen wir unsere eigene Verantwortung nicht ernst, wenn wir Umweltfragen unmittelbar mit religiösen Traditionen begründen. Bibeltexte sind keine politischen oder moralischen Anweisungen, sondern Ausdruck dieser Hoffnung, dass wir alle gemeinsam von einem Planeten träumen, der in friedlicher Ordnung lebt, dem es gut geht oder wenigstens besser.

Wer dieses dritte Kapitel bei Joel liest, wird sich an das neutestamentliche Update dieses Textes im zweiten Kapitel der Apostelgeschichte erinnert fühlen. Da passiert in etwa das Gleiche, aber das Bild bekommt für Christ*innen ein wenig mehr Kontur, im wahrsten Sinne, denn es zeichnet die Silhouette einer Person, Jesus Christus. Von ihm wird man sagen:

> **Kolosser 1,15:** Er ist das Bild des unsichtbaren Gottes, zuerst geboren in der ganzen Schöpfung.

Zugegeben, auch da bleibt vieles offen und uneindeutig, wie es bei Silhouetten eben ist. Trotzdem gehört die Jesusgeschichte für mich dazu, wenn ich Joel lese. Denn auch in ihr klingen Stimmen, es ertönt eine heilige Musik, die alles Tun begleitet. In ihr höre ich ein immer wiederkehrendes Thema, das mein Scheitern am Anspruch des großen Traumes heilsam besingt. Denn ich höre in der Jesuserzählung wie sonst nirgends, wie Gott selbst an der Welt scheitert ... und sich letztlich und verletzlich doch irgendwie durchsetzt.

Wenn wir vom Geist Gottes reden, könnte das einmal ganz simpel so gemeint sein: Wann immer ich vom Geist geduscht werde, leuchtet mir solch ein großes, göttliches Bild von der Welt ein, das mich erleuchtet, mich im wahrsten Sinne begeistert. Blödes Wortspiel, aber es drückt doch besser aus als manche theologische Theorie, was mit Geist gemeint ist. Denn Geist „ist" nicht einfach, sondern Geist passiert, wo eine heilige Musik klingt: der Chor der Stimmen Gottes.

Das Gericht

Bleibt noch das relativ unschöne letzte Kapitel mit seinem letzten Gericht, am Ende kommt der Tag G*ttes. Das Thema ist plötzlich ein ganz anderes, auch der Ton verändert sich. Hier passt so manches nicht zusammen oder es herrscht (zumindest auf den ersten Blick) ein heilloses Durcheinander. Greifen wir nur einen letzten Gedanken aus dem vierten Kapitel auf:

> Joel 4,4: Unverzüglich lasse ich euch eure Taten wieder auf euren Kopf fallen.

Vielleicht lässt sich der Abschluss bei Joel so lesen: Er erinnert daran, dass Handeln und Nicht-Handeln nicht folgenlos bleiben. Mit geradezu unerträglicher und unendlicher Schärfe ruft er mir ins Gewissen, dass mein Tun und Lassen Konsequenzen hat. Natürlich ist nicht jedes Ereignis eine Konsequenz aus meinen Handlungen, das ist auch klar. Aber dieses letzte Joelkapitel nimmt mich in die Verantwortung. Nicht unbedingt dafür, wie ich etwas tue. Aber es stellt mich vor die Frage, was ich von meinem persönlichen göttlichen Traum von der Erde eigentlich mitverwirklicht habe. Welche Striche im Bild ich gezeichnet und wo ich mitgesungen habe. Das ist nicht unbedingt angenehm. Das ist gerade mir selbst nicht angenehm, weil ich genau weiß, wo ich es nicht getan habe. Ich kenne sogar Stellen, wo ich nur blöd herumgekritzelt habe, und ich weiß, dass ich das Bild an manchen Ecken verwüste. Nein, darauf angesprochen zu werden, ist nicht angenehm. Aber für mich ist es immer wieder nötig. Ich brauche ihn immer und immer wieder, diesen Ruf:

> Joel 2,13: Zerreißt euer Herz, nicht euer Kleid und wendet euch *G*tt* zu, eurem Gott.

Denn es ist nicht allein mein Tun und Träumen, das am großen Bild arbeitet. Sondern es ist zuerst und zuletzt die Geistkraft Gottes, die uns diese große Vision schenkt, von einer Welt, die „sehr gut" ist (Genesis 1,31).

Joel 2,13: Denn er ist gnädig, barmherzig, geduldig und voller Liebe; über dem Unheil hat er Mitleid.

Auch wenn es manchmal anders klingt, sich anders anfühlt, ganz anders scheint: Dieser Gott ist gnädig, wenn es mal nicht so läuft. Gott ist barmherzig, wenn ich wieder herzlos mit meiner Umwelt bin. Der Himmel ist geduldig, wenn ich, anstatt zu träumen, einfach schlafe. Das Universum ist voll mit großer Liebe, wenn meine Ideen mit dem Planeten nicht so richtig gut durchdacht sind.

Wenn Joel die Umwelt reklamiert, dann weint er über den katastrophalen Verlust Gottes. Dann hat er trotzdem Hoffnung, dass Gott nicht ganz verloren bleibt. Wenn Gott reklamiert, dann lässt uns der göttliche Geist von einer Welt träumen, wie sie sein sollte. Wenn Gott reklamiert, dann nimmt uns das in die Verantwortung. Aber es ist die Verantwortung vor dem Göttlichen, von dem es immer und immer und immer wieder heißt:

Joel 2,13: Denn er ist gnädig, barmherzig, geduldig und voller Liebe; über dem Unheil hat er Mitleid.

Amos reklamiert das Recht

Mit den Prophetenbüchern machen wir einen Gang durch allerhand Lebensbereiche, und unser nächster Halt führt uns ins Rechtswesen. Wenigstens im weitesten Sinne, denn nur wenige Dinge lassen sich eins zu eins von der frühen Antike in unsere Zeit übertragen. Trotzdem nehmen wir uns wieder die Freiheit, Bibel und Gegenwart übereinanderzulegen. Wir tun das immer noch und immer wieder auf der Suche nach den Stimmen Gottes für uns und heute.

Bleiben wir zuerst in unserer Gegenwart. Dort ist das Recht in gewisser Weise allgegenwärtig. Meistens wohl relativ unbemerkt im Hintergrund, wenn man nicht gerade damit in Konflikt gerät oder es von Berufs wegen zu schützen oder zu nutzen hat. Gelegentlich treibt das Recht auch ganz wunderbare juristische Stilblüten, zum Beispiel in §27 Absatz 6 der Straßenverkehrsordnung: „Auf Brücken darf nicht im Gleichschritt marschiert werden.“[11] Ein rechtliches Überbleibsel aus Kriegszeiten, damit marschierende Truppen keine Brücken durch übermäßige Schwingungen beschädigen. Oder das ganze Landesseilbahngesetz von Mecklenburg-Vorpommern, auch ein lustiges Stück Recht. Warum das lustig ist? Weil es in ganz Mecklenburg-Vorpommern keine einzige Seilbahn gibt. Es musste aber wegen einer EU-Verordnung verabschiedet werden, ansonsten wären auf das Land Strafzahlungen bis fast 800.000 € zugekommen ... täglich.

Vorreiterinnen bei kuriosen Gesetzen sind bekanntermaßen die USA, das Land der unbegrenzten juristischen Möglichkeiten. So ist es in Alabama beispielsweise gesetzlich verboten, mit einem falschen Schnurrbart in ein Gotteshaus zu gehen, wenn dieser andere Kirchenbesucher belustigen könnte. Belustigung im Gottesdienst? Was für eine Blasphemie!

Recht kann lustig sein, es muss aber nicht immer richtig sein, dafür kennt die deutsche Geschichte leider grauenhafte Beispiele. Manches „Recht" ist schlicht Unrecht. Gott sei Dank muss etwas, das einmal „Recht" war, nicht für immer Gesetz bleiben. Erst 1994 beispielsweise wurde §175 im Strafgesetzbuch endgültig gestrichen, der in unterschiedlichen Varianten Homosexualität unter Strafe stellte.[12] Das ist noch nicht allzu lange her.

Gesetze können gehen, es kommen aber auch immer wieder neue dazu. In Deutschland etwa 150 pro Jahr, in Italien ca. 500. Die Schweiz schafft es jährlich auf etwa 5.500 neue Verordnungen. Und immer wieder gibt es neue Gesetze, Verordnungen und Dekrete, bei denen ich den Kopf schütteln muss. Etwa wenn ich an den Juni 2019 denke und nach Italien schaue, wo die damalige Regierung ein Dekret erlassen hatte, das der privaten Seenotrettung im Mittelmeer die Arbeit noch schwerer machen würde, als sie ohnehin schon war. Und weiter ertrinken Menschen. „Höchstes Recht – höchstes Unrecht", zitierte schon Cicero.[13] Ich frage mich, wozu Recht eigentlich da ist. Ich frage Amos, denn er reklamiert das Recht.

Amos: „Tragen!“

Wer ist überhaupt dieser Amos? Fragen wir zuerst einmal nach seiner Zeit. Amos prophezeit dem Buch zufolge in der Phase vor dem Ende des Nordreiches. Wann genau und wie lange lässt sich aber nicht sagen, vielleicht nur ein paar Monate, sozusagen aus gegebenem Anlass. Das erwähnte Erdbeben im ersten Vers ist völlig unbekannt und hilft nicht weiter, vielleicht ist es auch nur eine Metapher.

So viel zur erzählten Zeit. Mit dem Buch über Amos steht es etwas anders. Es ist wie praktisch alle biblischen Bücher erst deutlich nach den erzählten Ereignissen entstanden. Wie viel O-Ton eines Propheten es hineingeschafft hat, darüber streiten Gelehrte. Im Buch sind jedenfalls drei der prägendsten Stationen der Geschichte Israels verarbeitet: der Untergang des Nordreiches (722), der Untergang des Südreiches (587/86) und das Ende des Exils (538). Die Ereignisse waren demnach bei der Abfassung der jeweiligen Abschnitte schon bekannt, die Texte sind daher aller Wahrscheinlichkeit nach später entstanden. Daran erkennt man im Übrigen, dass sie sich über einen langen Zeitraum hinweg entwickelt haben. Sie sind immer Arbeit an der eigenen Identität durch die Geschichte hindurch, mit der die eigene Tradition für die jeweilige Gegenwart aktualisiert wird. Bis die Schriften so richtig „heilig“ wurden, haben sie einige Betaversionen und Updates durchlaufen.

Bleibt noch die Frage nach der Prophetengestalt: Wer ist dieser Amos? Es klingt komisch, aber Amos ist kein Prophet. Was er für seinen Broterwerb tut, weiß man nicht genau, die Angaben sind nicht ganz stimmig.

> **Amos 1,1:** Reden von Amos, der zu den Viehzüchtern aus Tekoa gehörte.

> **Amos 7,14:** Ich bin kein Prophet und ich bin kein Prophetenschüler, sondern ich bin ein Rinderhirte und züchte Maulbeerfeigen.

Im weitesten Sinne wird er als Landwirt dargestellt. Er ist also eigentlich gar kein Prophet und doch ein Prophet. Wie kommt das? Wie wird aus einem Nicht-Propheten einer, der (für Gott) reklamiert? Amos zeigt exemplarisch, wie Menschen zu Prophet*innen werden, denn er hat etwas erlebt, oder anders gesagt: Etwas hat ihn ergriffen, ihn erschüttert, ihn inspiriert. Ihm ist das Unendliche des Lebens begegnet. Denn Amos hat mitten im Geschrei der Menschen die Stimme Gottes gehört.

> **Amos 3,8:** Der Löwe hat gebrüllt – wer fürchtet sich da nicht? *G*tt* hat geredet – wer wird da nicht zum Propheten?

Wenn der Löwe brüllt, dann wirst du zur Prophetin. Das geschieht nicht gezwungenermaßen, sondern es fühlt sich einfach richtig an. Nicht unbedingt gut und wohlig, aber es wird zu einem Inneren „Ich kann nicht anders".

Das funktioniert allerdings nicht im Modus des Gesetzes: „Hier steht's ja so, also mache ich das so!", ob mir danach ist oder nicht. Nein, Worte Gottes sind erst dann Worte Gottes, wenn sie mich ergreifen und mir durch Mark und Bein fahren – niemals unabhängig davon! Es gibt die Stimmen Gottes nicht schwarz auf weiß. Schwarz auf weiß ist bloß irgendein Text. Doch Texte können zur Stimme Gottes werden, wenn sie mich treffen und etwas auslösen. Die biblischen Worte bringen ein besonderes Potenzial dazu mit.

Vielleicht fühlt es sich an wie bei Amos, wie das selbstverständliche Zusammenzucken vor dem Brüllen des Raubtiers.

Ebenso selbstverständlich lässt mich das Brüllen Gottes zusammenzucken. Das gibt es auch in Schön, als werbende Faszination mit Schulterklopfern und Liebesbekundung. Das ist aber meist nicht das erste Thema der Propheten. Mit Amos und den anderen lernen wir viel häufiger ein heiliges Erschrecken, ein unendliches Entsetzen über die Welt ... und über uns selbst. Hoffentlich.

Die anderen

Der Anfang des Büchleins ist ziemlich geschickte Kommunikation: Erst einmal ein Blick auf die anderen. Das ist eine sichere Bank, denn ein gemeinsames Feindbild verbindet. In dem Zuge bekommen wir es mit den nächsten FSK-16-Texten zu tun. Zu Beginn werden die Vergehen der anderen aufgezählt, jeweils nach folgendem Muster:

> So redet *G*tt*: Wegen der drei Verbrechen von ___,
> wegen der vier mache ich es nicht rückgängig!

Und dann wird es durchgespielt, das göttliche Gericht, in alle Himmelsrichtungen, und es wird nicht mehr rückgängig gemacht: Damaskus im Norden, das sind Gewalttäter*innen, sie haben Gilead mit eisernen Dreschschlitten gedroschen (Amos 1,3)! Gaza im Süden ist eine Bande von Schlepper*innen, sie haben die Gefangenen weggeführt und ausgeliefert (Amos 1,6)! Tyrus im Nordwesten, was für Verräter*innen, sie haben die Verbündeten verraten (Amos 1,9)! Edom im Südosten, diese blutrünstigen Jäger*innen, sie haben die Verbündeten erbarmungslos verfolgt (Amos 1,11)! Ammon im Osten, die Skrupellosen, sie haben aus bloßer Habgier die Schwangeren aufgeschlitzt (Amos 1,13)! Moab im Südosten, respektlose Meute, sie haben Leichenschändung betrieben (Amos 2,1)! Juda, die Schwester im Süden, eine Gottlose, denn sie hat das Gesetz Gottes missachtet (Amos 2,4)!

Es ist ein durchaus gewiefter Schachzug, mit dem ausgestreckten Zeigefinger einzusteigen. Denn es ist viel leichter, das Übel der anderen zu sehen. Es fällt durch alle Zeiten hindurch so viel leichter, mit dem Finger auf andere zu zeigen: Etwa auf all das, was andere Länder kaputtmachen, denn die schauen ja auch nicht so genau auf Nachhaltigkeit oder Menschenrechte, auf Religionsfreiheit oder Mindestlöhne. Dagegen sind wir schon top! Es ist einfach, auf das zu zeigen, was andere Kirchen an unserem gemeinsamen christlichen Image versauen. Neben sinkenden Mitgliedszahlen, Missbrauchs- und Finanzskandalen sieht so eine schnuckelige Gemeinde wie meine doch wirklich blendend aus! Es ist viel leichter, sich mit dem zu beruhigen, was andere Menschen alles verbocken. Daneben wirke ich doch gar nicht mehr so übel: Ich bin kein Mörder, kaufe möglichst Bio, bin loyal und verzichte, wo es geht, auf Plastiktüten. Ich bin schon ein ganz passables Säugetier. Alles eine Frage der Relation und des richtig zurechtgestutzten Maßstabs.

So könnte man den ersten Teil des Amosbuches lesen. Aber darauf würde ein böses Erwachen folgen. Es wäre der lupenreine „Whataboutism", ein mehr oder weniger geschicktes Ablenkungsmanöver. Denn der Auftakt ist keine Negativfolie, vor der die Angesprochenen dann gar nicht mehr so schlimm aussehen. Nein, es ist die Schublade, in die für Amos auch die Adressatin Israel hineingehört! Der Löwe brüllt: „So sind die anderen – aber ihr seid gar nicht anders!"

Ich suche die Stimmen Gottes darin und frage mich, ob sie mir insgeheim sogar etwas Ähnliches zurufen. Was, wenn sie mir sagen: „Kirche ist Kirche, die sind doch alle gleich!“ Was ich damit meine, ist, dass das Image des allgemeinen Christentums immer auch auf einzelne Gemeinden und Glaubende abfärbt. Das sollte man mal an sich heranlassen. Immer wieder höre ich, wenn negativ über Kirchen und vermeintlich merkwürdige Freikirchen in den Medien berichtet wird: „In unserer Kirche gibt es so etwas nicht! Wir sind ja ganz anders!“ Aber sind wir das wirklich? Oder steckt nicht in der Kritik an „den anderen“ auch ein Fünkchen Wahrheit für die eigene Gemeinschaft und das ganz private Glauben?

Doch ich will mich nicht hinter Kirchentüren verstecken. Was, wenn mir die Stimme Gottes hier zubrüllt: „Menschen sind doch alle gleich!“ Da gehöre ich auch dazu! Muss ich mich nicht mit hineinnehmen lassen in das, was Menschheit so tut, einfach weil ich ein Mensch bin? Stecke ich nicht doch irgendwie mit „den anderen“ unter einer Decke?

Puh, das ist keine schöne Stimme, oder? Vermutlich hast du dieses Buch nicht in die Hand genommen, um dich in diese Schublade stecken zu lassen. Aber diese Stimme ist heilsam. Sie ist manchmal nötig, um mich wachzurufen. Manchmal brauche ich sie, damit nicht immer nur „die anderen“ dafür in die Verantwortung genommen werden, wie Welt ist. Ja, ich brauche dieses Zusammenzucken vor dem Brüllen des Löwen, um wach zu werden ...

Der Vorwurf

Nur: Aus welchem Dornröschenschlaf gilt es eigentlich aufzuwachen? Was hat das Amosbuch hier eigentlich im Sinn? Im Anschluss an die Nachbarvölker kommt Israel selbst in den Blick, und da geht es ans Eingemachte. Wenn man so will, ist

Israel ja als Adressatin die Figur, mit der wir uns beim Lesen identifizieren sollen oder es zumindest könnten, wenn wir denn wollen. Was ist der Vorwurf an Israel? Und damit: Was ist eigentlich das Thema des Amosbuches?

> Amos 2,6–8: So spricht *G*tt* aufgrund der drei Verbrechen Israels, wegen der vier: Ich wende es nicht ab! Erstens verkaufen sie den Gerechten für Geld, den Bedürftigen für ein Paar Schuhe. Zweitens treten sie den Armen auf dem staubigen Boden gegen den Kopf, sie drängen die Unterdrückten vom Weg. Ein Mann und sein Vater gehen zum Mädchen, um meinen heiligen Namen zu entehren. Und drittens drängen sie in gepfändeter Kleidung vor alle Altäre und trinken beschlagnahmten Wein im Haus ihres Gottes.

Kurzer Einschub: Am einfachsten ist der Vorwurf an Vater und Sohn wohl als Teil des zweiten Vorwurfs zu verstehen. Die junge Frau wird ihrer Existenzgrundlage beraubt. Ob es um Sex geht oder andere Heiratsangelegenheiten ist unklar, aber die Auswirkungen für das Mädchen sind leider sehr klar: Es geht um irgendetwas, das für sie Armut und Unterdrückung bedeutet.

Das sind also die Gründe, warum Gott das Gericht über Israel nicht mehr abwendet, sondern den Tag G*ttes ungebremst hereinbrechen lässt. Wenn wir genau hinschauen, stellen wir fest: Die Gründe für das Gottesgericht sind Verbrechen gegen die Menschlichkeit! Deswegen kommt das göttliche Gericht über sie, deshalb werden sie am Tag G*ttes nichts zu lachen haben, darum brüllt ihnen der göttliche Löwe direkt ins Gesicht!

Hier passiert etwas extrem Spannendes. Etwas, das mir den Großteil meines bisherigen Lebens nicht klar war. Ich wuchs mit dem Gedanken auf, mal ganz platt vereinfacht: Gott wird sauer, wenn ich Gott gegenüber schuldig werde, wenn ich gegen göttliche Gesetze (beziehungsweise die frommen Karikaturen davon) verstoße, auf welche Weise auch immer. Erst allmählich beginne ich zu entdecken, dass es das gar nicht ist. Denn da steht Gott einfach drüber. Was das Göttliche aber gar nicht aushalten kann, das sind Vergehen gegen die Menschen! Das Gericht Gottes beschäftigt sich mit Verbrechen an den Menschen, die ich vor der Nase habe.

Ich versuche es noch einmal pointierter: Die prophetische Anklage Gottes richtet sich nicht gegen irgendwelche Vergehen Gott gegenüber, sondern auf dem Tisch liegen Vergehen gegen Mensch und Menschlichkeit. Amos wird zum Götterboten, weil er die Unmenschlichkeit nicht mehr erträgt! Genauer gesagt, sind es die Verbrechen an den Geringsten, die Prophet*innen auf den Plan rufen. Es ist die Unmenschlichkeit an denen, die es ohnehin schon schwer haben. An den Unschuldigen und Armen, an den Bedürftigen und Elenden, an den Frauen (was hier leider gleichbedeutend ist mit unterprivilegiert), an den Verschuldeten und Verurteilten (Amos 2,6–8).

Erinnert das nicht an etwas? Mich erinnert es an Jesus. Auch bei dem großen Propheten des Neuen Testaments wird das ganz ähnlich klingen:

> **Matthäus 5,3–11:** Reich sind die, die an Lebensgeist arm sind, denn ihnen gehört das Himmelreich. Glücklich sind die, die traurig sind, denn sie werden getröstet. Mächtig sind die, die machtlos sind, denn sie werden die Welt erben. Begütert sind die, die nach Gerechtigkeit hungern und dürsten, denn sie werden ernährt werden. […]

> Himmelsglücklich seid ihr, wann immer sie euch beschimpfen, verfolgen und schlecht über euch reden. Freut euch und jubelt, denn euer Lohn im Himmel ist groß. Denn genauso haben sie die Propheten vor euch verfolgt.[14]

Dieser Gedanke zieht sich durch die ganze Bibel: Der biblische Gott ist ein Gott für die Menschen, nicht einer für sich selbst. Gott ist ein Zuhause für die Verscheuchten, ein Himmel für die Gefallenen, ein Garten für die Paradiesvögel.

Das Recht

„Was hat das aber mit dem Recht zu tun?", könnte man fragen. Und die Antwort wäre: genau das. Dieser Gedanke der Menschlichkeit ist das Recht, das Amos reklamiert. Die Unmenschlichkeit gegen die Schwächsten ist der Vorwurf, den Amos seinen Gott sprechen lässt:

> **Amos 3,10:** „Sie wissen nichts Rechtes zu tun!", sagt *G*tt*.

Zugleich ist das die Forderung, es ist die Herausforderung und das, was Amos für Gott bei der Menschheit reklamiert:

> **Amos 5,24:** Das Recht soll wie Wasser sprudeln,
> die Gerechtigkeit wie eine dauerhafte Quelle.

Für mich ist das einer der überwältigenden Verse der Bibel. Denn Recht ist, wenn Menschen zu ihrem Recht kommen. Gerechtigkeit passiert, wenn Menschen bekommen, was sie zum

Leben brauchen. Wir reden hier nicht von Luxus und Wohlstand, sondern zuerst von dem so grundlegenden Anspruch, einfach menschenwürdig zu existieren. Recht ist das Ende der Ausbeutung, Gerechtigkeit ist das Ende von Erniedrigung.

Spürst du wieder diesen prophetischen Traum von einer Welt, wie sie sein könnte? Hörst du diese ganz andere und doch immer gleiche Stimme Gottes, wie sie von Recht und Gerechtigkeit schwärmt? Wie sie mit Amos nach einem menschlichen Leben schreit, mit Joel nach einer geordneten Umwelt, mit Hosea nach einer zurechtgerückten Religion?

Manchmal denke ich: Vielleicht sind Kirchen gar nicht der beste Ort, um das Recht Gottes zu leben. Zumindest manche manchmal nicht. Denn mein Eindruck ist, dass viel zu häufig Menschen zurückstecken müssen, damit (angeblich) Gott zu seinem Recht kommt: „Nein, eure Beziehung gestaltet ihr bitte so, wie Gott es will. Doch nicht so, wie es für euch gesund und gut ist!“ Kennst du sowas? Es gibt aber auch die etwas angesehenere Variante mit dem merkwürdigen Titel „Demut“: „Nein, wir machen das alles nur zur Ehre Gottes!“ Eigentlich schade um die Menschen, die dabei leer ausgehen.

Ja, das ist plakativ und eine Karikatur, die den meisten Kirchen und Gemeinden sicher nicht gerecht wird. Aber sie hilft mir, Denkmuster zu erkennen und zu hinterfragen. Zuerst bei mir selbst, um einzusehen, wo ich meine Idee von Gott über die Bedürfnisse von Menschen stelle. Glaube ich wirklich so skeptisch, weil es Menschen beim Leben hilft? Oder lese ich die Bibel womöglich auch deshalb so kritisch, weil es sich gebildet anfühlt und je nach kirchlichem Kontext etwas Besonderes ist?

Natürlich werden uns solche Glaubensmuster selten in Reinform begegnen. Man kann Göttliches und Menschliches nicht so leicht voneinander trennen, wie ich gerade karikiert habe. Doch es wird sichtbar, wie das eigene Glauben und Denken eingestellt ist und welchen Fluchtpunkt mein religiöses Gemälde hat. Auch Jesus träumte bekanntlich davon, dass der Schabbat für den Menschen da ist und nicht umgekehrt (Markus 2,27). Amos träumt ähnlich, nämlich davon, dass das Recht für den Menschen da ist und nicht umgekehrt. Auch Hosea träumte ähnlich, dass die Religion für den Menschen da ist, nicht umgekehrt. Es fällt mir schwer, das Muster zu übersehen.

Die Religion

Apropos Religion: Am Ende stellen wir uns wieder die Frage, was eigentlich unser Glaube damit zu tun hat. Vielleicht ahnst du, dass sich da manches verschieben könnte. Denn ein Amosglaube fliegt nicht mehr in sphärischen Himmelshöhen, sondern steht mit beiden Beinen auf der Erde, ohne dabei den Traum vom Fliegen zu vergessen! Wenn Amos recht hat, ich dem Buch nicht ganz unrecht tue und Recht in etwa so ist, wie ich es beschrieben habe, dann bekommt die Religion einen (neuen?) Maßstab: die Menschen. Dann ist es „auch möglich, Religion zu kritisieren, und zwar im Namen der Menschlichkeit: Das Heilige kann nicht gegen den Menschen stehen! Es ist von nun an nicht mehr schwer festzustellen, wo und wie der Name Gottes missbraucht wird.“[15] Daran lerne ich noch immer. Daran lerne ich nie aus, doch es gehört zu meinem Traum, es gehört zu meinem Glauben, es gehört zu meinem Gott.

Wieder höre ich es bei Jesus: „Was ihr den Menschen getan habt, das habt ihr mir getan!“ (nach Matthäus 25,40) oder in seiner Antwort auf die Frage, was denn das höchste Gebot sei: „Du sollst Gott lieben. Das Gleiche ist aber: Du sollst deine Nächsten lieben!“ (Matthäus 22,37–38) Für Jesus sind Gottesliebe und Menschenliebe offenbar das Gleiche, wenn nicht sogar dasselbe.

Während sich das noch ein bisschen setzen kann, werfen wir am Ende unseres Kapitels noch einen Blick auf das Ende des Amosbuches. Denn in der Logik des Propheten ist der Ruf nach Recht und Gerechtigkeit nicht ein Experiment mit ungewissem Ausgang. Weil er darin die Begegnung mit dem Gott des Heils erhofft, erwartet er von Recht und Gerechtigkeit nicht weniger als Heilung für eine kranke Welt.

> Amos 9,13–15: Schau! Ansage *G*ttes*: Es kommen Tage, da liegen Ackern und Ernten, Keltern und Säen nah beieinander. Die Berge werden von Traubensaft triefen und die Hügel beackern sich wie von selbst. Ich werde das Schicksal meines Volkes wenden: Sie werden verwüstete Städte aufbauen und bewohnen, Weinberge anpflanzen und ihren Wein trinken, Gärten anlegen und ihre Früchte essen. Ich pflanze sie auf ihrem Boden an und sie werden nicht mehr aus ihrem Boden gerissen, den ich ihnen gegeben habe. Das sagt *G*tt*, dein Gott.

Mir begegnet hier der Traum von einem Leben, das nicht mehr ums Überleben bangen muss. Ich sehe hier eine Vision davon, was „Zuhause“ gerade für die bedeutet, die es verloren haben oder denen es weggenommen wurde. Ob Kirche so etwas sein könnte?

Das Bewegendste steht für mich ganz am Ende: „Das sagt G*tt, dein Gott.“ Es ist meine Hoffnung, dass dieser Gott tatsächlich mein Gott wird: der mir den Spiegel vorhält und mich auch mal in eine Schublade steckt, in die ich gar nicht möchte. Eine Gottheit, die den Ärmsten beisteht, den Verjagten, den

Ausgestoßenen. Etwas Göttliches, das gerade diesen Menschen zu ihrem Recht verhilft und ihnen zukommen lässt, was sie zum Leben brauchen. Ein Gott, der nicht sich selbst an erste Stelle setzt, sondern den Menschen. Dich! So soll mein Glaube sein, das soll meine Religion sein, denn so glaube ich „meinen" Gott.

Obadja reklamiert die Rache

Es gibt sie immer mal wieder und anscheinend durch alle Branchen hindurch: berühmte Geschwisterpaare. Manchmal haben sie sich sogar einer gemeinsamen (oder zumindest der gleichen) Sache verschrieben. Da sind die Jacob Sisters und die Jonas Brothers in der Musik, die Klitschkos und Boatengs im Sport, die Geschwister Scholl im Widerstand gegen den Nationalsozialismus oder die Gebrüder Grimm im Einsatz für die Märchen als Kulturgut.[16] Auch in den Geschichten der Grimms spielen Geschwister immer wieder eine Rolle. Ob im gemeinsamen Schicksal bei Hänsel und Gretel oder im ewigen Kampf der Stiefschwestern gegen Aschenputtel – Geschwister sind ein interessantes Sujet.

Schon die biblischen Geschichten sind voll davon. Da wären Kain und Abel am Anfang, die Jüngerbrüder Andreas und Petrus im zweiten Teil, nicht zu vergessen die ungleichen Schwestern Maria und Marta. Ein Geschwisterpaar hat die biblische Tradition lange und ganz besonders bewegt: Jakob und Esau. Ihre Geschichte ist so wechselvoll, so tragisch und tröstlich in ihren Episoden, wie wohl alle Geschwister es kennen. Die Erzählung in der Schnellfassung: Die beiden sind Zwillinge, Esau der Ältere, Jakob der Jüngere. Durch einen Handel mit dem berühmten Linsengericht kommt Jakob an das Erbe, das eigentlich dem zuerst geborenen Esau zugestanden hätte, und er erschwindelt sich später auch noch den Segen seines Vaters. Esau ist darüber „not amused“ und will sein Brüderchen umbringen. Jakob flieht, muss lange für seine Traumfrau arbeiten und so weiter und so fort. Am Ende versöhnen sich die Brüder doch noch.

Die Geschichte ist zentrales jüdisches Kulturgut, denn Jakob wird zum Stammvater der Israelit*innen. Bei einem buchstäblichen Ringen mit Gott bekommt er seinen neuen Namen „Israel“. Aber auch Esau findet Eingang in die Geschichte, auf ihn wird das Volk von Edom zurückgeführt (Genesis 25,30).

Wie das unter Geschwistern so ist, verläuft das Miteinander dieser Nationen nicht ohne Reibungen. Israel und Edom geraten in den Erzählungen immer wieder aneinander, etwa unter den großen Königen Saul (1. Samuel 14,47), David (2. Samuel 8,13–14) und Salomo (1. Könige 11,14–22). Damit sind wir mittendrin im Prophetenbuch Obadja, denn der reklamiert die Rache ... an Edom.

Obadja: „Diener JHWHs“

Die Region Edom liegt südlich von Juda und dem Toten Meer, sie ist gewissermaßen ein Nachbarland des Südreiches. Die Geschichte von Jakob und Esau deutet schon an, dass beim Namen Edom immer die Erinnerung an ein konfliktreiches Verhältnis mitschwingt. Zugleich klingt eine tiefsitzende Verbundenheit an, der sich Geschwister schwerlich entziehen können.

Gedanklich befinden wir uns wieder in der Zeit um den Untergang des Südreiches und die Deportationswellen (597; 587/86; 582) herum, das ergibt am meisten Sinn. Vermutlich haben die Nachbarvölker von Juda die Gunst der Stunde genutzt, Profit aus dem Untergang der Nachbarin zu schlagen oder sich zumindest der unterlassenen Hilfeleistung schuldig gemacht – ganz besonders der Bruder Edom. Davon hören wir gleich noch.

Beim namensgebenden Propheten Obadja haben wir es eventuell gar nicht mit einer historischen Gestalt zu tun. Das gilt auch für manch anderen der zwölf Propheten, doch während man bei einigen noch echte Personen im historischen Hintergrund vermuten kann, scheint Obadja eine Art literarische Figur zu sein. Über ihn erfahren wir praktisch nichts, es gibt keine ausdrückliche zeitliche Einordnung und sein Name klingt eher nach einem Programm, er bedeutet „Diener JHWHs“. Es ist außerdem ein Allerweltsname, den es recht häufig in der Hebräischen Bibel gibt. Noch etwas spricht für den fiktiven Charakter von Obadja als Prophet: Relativ große Teile des kleinsten Buches der Bibel stimmen mit Abschnitten aus Jeremia 49 überein, zum Beispiel Obadja 1–4 mit Jeremia 49,14–16. Man weiß zwar nicht genau, was zuerst da war, beziehungsweise woher beide Autoren die Texte haben. Aber man merkt daran etwas, das wiederum für alle zwölf Schriften gilt, nämlich dass die Prophetenbücher am Schreibtisch entworfen und als Literatur geplant sind. Selbst wenn echte Propheten und tatsächlich verkündigte Worte im Dunkel der Geschichte schlummern, sind die Schriften nicht deren biografische Dokumentation. Ihre Protagonisten jedenfalls treten fast gänzlich hinter die Botschaft zurück, sodass wir kaum erahnen können, was für Menschen dahinterstecken. Es geht bei allen Propheten um die Botschaft, nicht um die (mehr oder weniger realen) Personen. Von denen wissen wir oft nichts außer einem Namen.

Man kann das Obadjabuch um den schon bekannten Tag G*ttes in Vers 15 herum einteilen. Vorher wird die Rache an Edom beschrieben, danach das Heil für Juda. Letzteres geschieht allerdings wiederum auf Kosten Edoms, was eine unschöne Tendenz im Buch markiert. Aber dazu später.

Die Rache

In einem so kurzen Büchlein bleibt nicht viel Zeit für Vorgeplänkel. Daher geht es sofort los, die Geschwister geraten nach einer kurzen Einleitung gleich aneinander:

> **Obadja 1:** Auf! Wir stehen auf zum Kampf gegen [Edom].

Gesagt, getan, zumindest literarisch. In diesem geschriebenen Kampf zieht Edom den Kürzeren, das wird recht anschaulich beschrieben.

> **Obadja 5:** Wenn Diebe zu dir kamen oder Vernichter bei Nacht – wie bist du zum Schweigen gebracht! Werden sie nicht stehlen, bis sie genug haben?

Die Begründung aus dem Munde Gottes klingt dann ganz nach unserem Thema, da hier jemand offensichtlich die Rache reklamiert:

> **Obadja 10:** Wegen des Gewaltverbrechens an deinem Bruder Jakob bedeckt dich Schande – und du sollst für immer ausgerottet werden!

„Wie du mir, so ich dir“, könnte man sagen. Edom hat sich an Juda vergriffen, nun vergreift sich Juda an Edom. Genauer gesagt übernimmt Judas Gottheit diese ehrenvolle Aufgabe. Wie auch immer, es scheint ganz so, als trachtete der eine dem anderen nach Rache oder wenigstens nach etwas, das sich endlich anfühlen könnte wie die lang ersehnte Gerechtigkeit nach der zuvor erlittenen Demütigung. Das ist der klassische Fall von Vergeltung, gespickt mit einer Prise Vernichtungsdrohung. Bis heute scheint das en vogue zu sein, obwohl mir ehrlich gesagt nicht ganz wohl dabei ist, dass mein Gott hier klingt wie Donald Trump.[17] Warum ist das so?

Gott oder Mensch?

Versuchen wir zunächst einmal, diese Frage zu bearbeiten (beantworten wäre das falsche Wort): Warum klingt mein Gott in der Bibel manchmal wie Donald Trump und seinesgleichen? Dazu schauen wir an den Anfang des Buches zurück, der ist nämlich ein schönes Anschauungsobjekt, wie man solche Texte voller Hass und Hetze aus dem Mund Gottes lesen kann.

> **Obadja 1:** So redet *G*tt*, meine Macht, zu Edom:
> Wir haben eine Nachricht von *G*tt* gehört ...

Die beiden Zeilen passen nicht gut zusammen. Die Gründe dafür sind schwer auszumachen, gelöst wird dies in den Übersetzungen meist so, dass der zweite Teil als Einschub verstanden ist. Wir nehmen es mal wörtlich so hin. Auf den ersten Blick passt es inhaltlich zwar: Gott spricht, die Leute hören. Bei genauerem Hinsehen ergibt das Gesagte im Mund Gottes aber keinen Sinn oder wenigstens nur den, dass eine multiple Gottheit sich selbst reden gehört hätte. Leichter verständlich wäre es, wenn die Satzteile irgendwie logisch arrangiert wären, etwa:

„Gott hat gesprochen und *wir* haben Gott gehört". Das ist aber nicht der Fall.

Ich will es einmal als eine doppelte Einleitung verstehen, denn auf diese Weise wird der Obadjabeginn aufschlussreich für die Prophetie insgesamt. Als gebrochene, unvermittelte Dopplung bringt er auf den Punkt, wie Bibel funktioniert – denn es gibt keinen automatischen Zusammenhang zwischen göttlichem Reden und menschlichem Hören! Diese Zeilen stehen exemplarisch dafür, dass zwischen Reden und Hören ein Graben liegt, den es irgendwie zu überbrücken gilt.

Die „Stimme" Gottes kann man natürlich nicht im akustischen Sinne hören. Die Stimme Gottes ist eine Metapher, sie trägt etwas in sich, was nur schwer anders auszudrücken ist. Sie meint, dass Menschen etwas „hören" und es als ein „Reden" Gottes interpretieren, sie erkennen darin etwas vom Göttlichen wieder. So wie man manchmal aus den Worten oder der Stimme des einen Menschen an einen anderen erinnert wird, der ganz ähnlich redet. Nicht selten bei Geschwistern. Das Hören als Metapher trifft eher dieses Gefühl der Erinnerung, nicht die Akustik. Letztlich kann sich solch ein Eindruck bei allen möglichen Erfahrungen einstellen. Menschen erleben etwas und beginnen, darin ein Handeln Gottes zu erkennen. So ist Religion vor wahrscheinlich nicht einmal 100.000 Jahren in etwa entstanden, und so wird sie wohl auch immer bleiben, trotz aller notwendigen Veränderungen: Sie vermutet ein Handeln hinter allen Geschehnissen, sie sucht nach Gründen und Ursachen. Das tun auch die Propheten, denn sie erkennen Gott als den Urgrund für alles. Sie sind überzeugt davon, dass Gott Geschichte und Geschicke lenkt.

Für das Denken und Hören der Propheten ist das eine grundlegende Voraussetzung. Sie verstehen jedes einzelne Ereignis der Geschichte als von Gott gelenkt. In allem zeigt sich daher auch etwas über Gott selbst. Soweit die prophetische Idee. Wenn dem so ist, dann hören die Propheten natürlich aus jedem Ereignis die Stimme Gottes reden. Bei freudigen Ereignissen klingt sie freundlich, in der Katastrophe eben ... naja ... vielleicht wie Donald Trump.

Lesen wir die Worte wenigstens versuchsweise einmal mit dieser Idee im Hinterkopf und stellen uns vor, dass Bibeltexte auf diese Weise entstehen: Am Anfang steht immer eine Erfahrung mitten in der Geschichte, sei es Krieg und Zerstörung, Frieden und Wiederaufbau, Vertreibung und Versöhnung. In der (mehr oder weniger unmittelbaren) Erinnerung ringen Menschen um Antworten auf die Frage, was solche Erkenntnisse über Gott aussagen könnten. Das ist nicht bloße Fiktion, sondern Menschen schöpfen aus dem Reichtum der geschenkten Tradition, sie bekommen ein Gespür dafür, wie Gott aus der Geschichte spricht. Und je schlimmer das Ereignis ist, desto gruseliger klingt die Stimme Gottes.

Noch ein letzter Gedanke, bevor wir zum Text zurückkehren. Dieses Verfahren der Propheten, aus jedem Geschehen ein göttliches Handeln abzuleiten, ist nicht uneingeschränkt zur Nachahmung empfohlen. Es kann vielmehr zu üblen Verstimmungen und Nebenwirkungen führen, aus jedem Erlebnis sofort ein gottgewirktes Ereignis zu machen. Was sagt mir das Erleben und Erleiden einer Krankheit über Gott? Wie klingt die göttliche Stimme in der persönlichen Katastrophe? Ich brauche gerade in solchen Momenten eine Hörhilfe, denn ich suche nicht nach irgendeinem Geräusch, sondern nach einem ganz bestimmten Klang Gottes in meinen Erfahrungen – ich suche nach der Liebe zum Leben.

Lassen wir die Ereignisse nicht einfach sagen, was sie dem ersten Anschein nach sagen. Ich glaube, das tun auch die Prophetentexte nicht, sondern mit ihnen suchen wir in all den Nebengeräuschen nach dem oft unverständlichen Reden Gottes, das von Recht und Gerechtigkeit spricht, das nach Frieden und Freiheit ruft, das Menschlichkeit und Liebe reklamiert. Doch diese Stimme geht oft unter. Der christliche Weg zum Kreuz ist hier nicht weit, denn dort passiert genau das: Das Offenbarwerden der Liebe ist verborgen unter den Trümmern des Hasses. Meine christliche Voraussetzung für alle Bibeltexte ist, dass Gott nicht einfach irgendwie ist – das glauben auch die Menschen des Ersten Testamentes nicht! – sondern dass Gott in der Liebe ist. Dass Gott die Liebe selbst ist.

Für mich heißt das, dass Gott genau so ist, wie Gott sich in Jesus Christus vorgestellt hat, als Liebe, die bis in den Tod hineinreicht. Solche rachsüchtigen Texte wie bei Obadja lese ich dann in etwa so: Ja, hier klingt Gott komisch, verzerrt, irgendwie verschnupft. Hier geht die Stimme Gottes, wie wir sie sonst kennen, im Geplärr des Lebens fast unter. Das fordert mich heraus, genau hinzuhören und aufmerksam nach der göttlichen Stimme im irdischen Geschrei zu suchen.

Hilfe statt Rache

Zurück zu Obadja. Er reklamiert die Rache, wenn man an den Anfang schaut, und irgendwie bleibt es auch dabei. Aber mir wird ein anderer Blickwinkel noch wichtiger, denn Obadja reklamiert neben der Rache vor allem Handeln, Einsatz, Hilfe und Solidarität. Die angedrohte Rache ist die emotionale Seite der Medaille. Auf der anderen Seite könnte das helfende Handeln stehen. Denn Juda ist überzeugt, dass der Bruder Edom seinerzeit falsch gehandelt hat und fordert auf diese Weise das Handeln ein, das richtig gewesen wäre. Worum es dabei geht, das kommt in drei Versen überführend offen zum Ausdruck:

Obadja 12: Du hättest am Tag deines Bruders, am Tag des Unglücks, nicht zusehen sollen und hättest dich nicht freuen sollen über die Kinder Judas am Tag ihres Verschwindens und hättest dein Maul nicht so weit aufreißen sollen am Tag der Not!

Obadja 13: Du hättest nicht zum Tor meines Volkes kommen sollen am Tag des Desasters, du – gerade du! – hättest nicht zusehen sollen bei seinem Unheil am Tag seines Desasters! Und du hättest dich am Tag seines Desasters nicht ausstrecken sollen nach seinem Vermögen!

Obadja 14: Und du hättest nicht am Fluchtweg stehen sollen, um die Flüchtenden zu töten, und hättest die Überlebenden nicht ausliefern sollen am Tag der Not!

„Hätte, hätte" ist hier deutlich mehr als Fahrradkette. Zusammengefasst: „Verdammt, wo warst du, als ich dich am meisten brauchte?" So klingt das Entsetzen über den Verrat des eigenen Bruders. Klar, die Beziehung war nicht immer leicht – aber so etwas? Da ist es kein Wunder, dass der Sinn nach Rache steht. Es ist keine Überraschung, dass Gott so komisch klingt, wenn Menschen den Verrat durch die eigenen Verwandten erleben müssen.

Wahrscheinlich sind solche Rachegelüste einfach menschlich. Vielleicht sind sie normal, diese Rachefantasien, wenn ich hintergangen werde. Ich kenne sie ja von mir selbst und vielleicht ist es sogar manchmal mein Gebet, wie in den Psalmen, dass es diejenigen dahinrafft, die mich hintergangen haben. Dort jedenfalls, im Gebet, wären die Fantasien allemal besser aufgehoben als anderswo. Darüber werden wir bei Nahum noch intensiver grübeln.

Die Propheten betreiben allerdings keine private Seelenschau für Einzelne. Sie reklamieren die Geschichte, sie rufen die ganze Gesellschaft, mal zur Besinnung, mal zur Verantwortung, manchmal zum Trost. Es sind immer die größeren Linien der Geschichte, die in den Blick genommen werden. Da höre ich auch heute etwas:

> **Obadja 14:** Und du hättest nicht am Fluchtweg stehen sollen, um die Flüchtenden zu töten, und hättest die Überlebenden nicht ausliefern sollen am Tag der Not!

Es ist nach wie vor ein Wahnsinn, was unter anderem in Sachen Seenotrettung und Migrationspolitik (nicht) passiert.

> **Obadja 14:** Und du hättest nicht am Fluchtweg stehen sollen, um die Flüchtenden zu töten, und hättest die Überlebenden nicht ausliefern sollen am Tag der Not!

Selbst wenn der Ruf an alle ergeht, so bin ich doch einer von ihnen. Zu den anderen ist es leichter gesagt als zu mir (siehe Amos). Beim Blick in den Spiegel schrecke ich zurück, erschrecke vor meiner eigenen Untätigkeit, vor meiner gefühlten Ohnmacht und verstecke mich dahinter, dass ja andere dafür verantwortlich sind. Doch mit dem ausgestreckten Zeigefinger mache ich es mir zu leicht.

Die Propheten verteilen keine weichen Kuscheldecken. Sie sprechen das Leben an, auf dem schmalen Grat zwischen Selbstverzweiflung und Verantwortungsflucht. Mein eigenes Leben. Mit allem Tun und Lassen, auch wenn unser Tun und Lassen sicher nicht allein über Wohl und Wehe der Welt entscheidet. Aber ich kann es auch nicht einfach an mir abperlen lassen, denn ich höre etwas von der Stimme Gottes darin. Ich höre wieder die Anwältin der Menschlichkeit in diesen Versen, den Verfechter der Solidarität mit den fast schon Entmenschlichten. Ob sie ihre Würde auf den Meeren verlieren oder an den Mauern, ob in den Kirchen oder in deren Verlautbarungen, an Straßenecken oder in den Medien. Wo auch immer, es klingt diese leise Stimme: Gott steht auf der Seite der Entwürdigten.

Niemand kann sich auf Gott berufen und gleichzeitig die Würde des Menschen antasten. Niemand kann sich den Himmel auf die Fahnen schreiben, aber anderen die Hölle zumuten. Und niemand sollte den Namen Jesus in den Mund nehmen und anderen die Menschlichkeit vorenthalten, denn Jesus sagt: „Was ihr einem von diesen Geringsten nicht getan habt, das habt ihr auch mir nicht getan!" (Matthäus 25,45)

Offen gesagt: Ich fühle mich nur mäßig gut dabei, so zu schreiben. Zum einen, weil es mich selbst natürlich ebenso angeht, ein stückweit sogar anklagt. Zum anderen, weil ich es damit nicht nur mir sage, sondern auch dir. Die Propheten klingen nun einmal ständig nach dem erhobenen Zeigefinger. Ob ich das darf? Es ist jedenfalls nicht meine Komfortzone. Trotzdem hoffe ich, dass wir in dieser unverschämten und harten Konfrontation mit unserem eigenen Tun und Lassen etwas von den Stimmen Gottes hören, vielleicht sogar gemeinsam. Dass wir sie hören, diese Idee, dass das Leben anders sein könnte – vor allem das Leben der anderen! Vielleicht ermüdet dich die ständige Erinnerung an die Probleme der Welt, die wir vermeintlich gar nicht in den Griff bekommen. Doch wie wäre es, wenn auf die Müdigkeit irgendwann ein Traum folgt? Lass uns träumen, dass Welt anders sein könnte, besonders für andere.

Das ist der Traum der Propheten, von Amos bis Zefanja, von Jesaja bis Jesus: eine Welt, in der Rettung geschieht, ob auf hoher See oder woanders. Eine Welt voller Zuflucht. Obadja beschreibt sie gegen Ende so:

> **Obadja 17:** Auf dem Berg Zion wird es Zuflucht geben und er wird heilig sein [...]

Obadja hegt den Traum, dass die Hilfsbedürftigen keiner Hilfe mehr bedürfen. Ich möchte den zweiten Teil des Buches auf diese Weise lesen, obwohl die Stimmung komplett kippt und Juda sozusagen zur Rache ansetzt. Da kann und will ich aber nicht mitgehen, selbst wenn es die Rache der Unterdrückten ist. Denn dann würden die Deportierten zu Despot*innen und die Vertriebenen zu Vertreiber*innen. Am Ende wäre nichts gewonnen.

Nein, nicht mehr Menschen sollen übereinander herrschen. Nicht mehr Menschen sollen Macht übereinander ausüben, sei sie wirtschaftlich oder moralisch, juristisch oder religiös. Nein, Menschen sollen nicht mehr über Menschen herrschen – sondern die Menschlichkeit soll regieren! Das ist das Reich Gottes, das auf der Seite der Menschen steht. Das ist es, worauf ich mit Obadja hoffe:

> **Obadja 21:** [...] und *G*tt* wird als König*in regieren!

Das wäre ein Sieg der Solidarität, ein Triumph der Treue, das ist die Macht der Menschlichkeit. Darin begegnet mir der Traum, dass Brüder sich wieder wie Brüder verhalten, dass Schwestern füreinander einstehen, dass Geschwister füreinander da sind, wenn sie sich am dringendsten brauchen.

Und zwar nicht nur die engsten Verwandten, auch wenn das Buch Obadja leider Tendenzen in diese Richtung hat und letztlich irgendwie den Sieg des Eigenen über das Fremde feiert. Aber der Traum vom Reich Gottes überwindet diese Grenzen. Immerhin beginnt die biblische Tradition mit der Idee, dass alle Menschen Geschwister sind, wenn man die Sache mit Adam und Eva mal ganz ernst nimmt. Und interessanterweise geht die Tradition der jüdischen Rabbinen sogar davon aus, dass Obadja selbst ursprünglich aus Edom stammte[18] – wenn das keine völkerverständigende und menschenverbindende Grenzüberschreitung ist!

Gott regiert als König*in, als Macht der Menschlichkeit. Ist das nicht ein Traum, den es sich zu träumen lohnt? Wäre das nicht eine Idee, für die es sich aufzuwachen lohnt?

Jona reklamiert das Leben

Now that fate has made fools of you and me, oh, Jonah
We've been swallowed and spat out by the sea, oh, Jonah
Our hope's gonna tear us apart
We need a brand new start

Xavier Darcy - Jonah[19]

Im März 2019 gingen spektakuläre Bilder durch die Medien: Ein Taucher wollte vor der Küste Südafrikas eigentlich nur ein paar Sardinen filmen, da fand er sich plötzlich im Maul eines Brydewals (gesprochen: Brüdewal) wieder. Nach wenigen Sekunden war der Schrecken überstanden und der Taucher unverletzt wieder ausgespuckt.[20] Natürlich fühlte ich mich sofort an diese einprägsame Geschichte aus dem Zwölfprophetenbuch erinnert: Jona und der Fisch ... oder Wal ... letztlich egal. Für manche Bibelliebhaber*innen mag dieses Ereignis von 2019 ein Hoffnungsschimmer sein, es könnte doch etwas dran sein an der Erzählung über Jona. Etwa so wie die gelegentlich hervorgekramte Geschichte des Walfängers James Bartley, der 1891 mehrere Tage im Bauch eines Pottwals vor den Falklandinseln überlebt haben soll. Allem Anschein nach handelte es sich dabei aber um „fake news".[21]

Die Hoffnung, die Jonageschichte könnte sich tatsächlich so zugetragen haben, kann und muss man guten Gewissens zerschlagen. „Jona und der Fisch" ist im besten Sinne das, was man landläufig ein Märchen nennen würde. In Walbäuchen findet man keine (lebenden) Prophet*innen, nur Plankton und Plastik.[22] Bloß weil etwas in der Bibel steht, ist es noch längst nicht über alle Zweifel erhaben. Manche glauben das. Mich erstaunt das zunehmend.

Wenn allerdings das Interesse an der historischen Tatsächlichkeit dieser Geschichte untergeht, kann die dramatische Schönheit dieses Stückchens Weltliteratur auftauchen, weil wir dann einem grandiosen Drama über das Leben begegnen, denn Jona reklamiert das Leben. Ich lese seine Geschichte als eine ergreifende Erzählung darüber, wie sehr Himmel und Erde um jedes einzelne Leben ringen.

Jona: „Unterdrücken/gewalttätig sein"

Das Jonabuch ist etwas Besonderes im Kanon der Propheten, nicht nur aufgrund seines eher ungewöhnlichen Namens. Er bedeutet in der bekannteren Auslegung „Taube", was gut zur etwas „flatterhaften" Darstellung Jonas passen würde. Noch spannender ist aber die Bedeutung, die sich aus dem hebräischen Klang des Wortes ergibt, denn Jona könnte auch als Form von „unterdrücken/gewalttätig sein" verstanden werden, die Schreibweise ist identisch. Damit wäre gut zusammengefasst, wie der Name Ninive, das Reiseziel Jonas, für die ersten Leser*innen klingt. Ninive ist die Stadt der Unterdrückung, das Hauptquartier des Bösen, das Zentrum feindlicher Macht. Schärfer könnte der Kontrast nicht sein, auf den das Buch damit zulaufen wird. Und brutaler könnte die Kritik am Propheten nicht daherkommen.

Was das Buch aber noch mehr auszeichnet als der Name, ist die Art und Weise der Erzählung. Sie bemüht sich nämlich um sehr feine dramaturgische Nuancen. Nimmt man sie zusammen, dann wirkt Jona wie die absurde Karikatur eines Propheten. Die Besonderheiten beginnen schon allein damit, dass im krassen Gegensatz zu den anderen Büchern praktisch nur die Geschichte des Propheten Jona erzählt wird. Die Botschaft liegt hier ausnahmsweise nicht auf der Ebene der verkündigten Worte, sondern in all dem, was drumherum geschieht. Das Leben des Propheten spielt eine größere Rolle als sein Reden. Allerdings ist es wirklich schwierig, der Schrift eine zentrale Botschaft zu entlocken. Wir hüpfen vielmehr in ein theologisches Bällebad, in dem man weder sicher stehen noch so richtig schwimmen kann. Es überlagern sich gleich mehrere Fragen: Wie ist das Verhältnis von Israel zu den anderen Völkern? Kann Gott einen einmal gefassten Beschluss wieder zurücknehmen? Was ist Gott überhaupt in seinem tiefsten Wesen? Und ergibt das ganze System der Prophetie eigentlich Sinn, wenn eine Ankündigung letztlich nicht eintritt oder sogar ihr Gegenteil bewirkt?

Damit sind wir bei der prophetischen Botschaft von Jona, sie spielt aber wie gesagt fast keine Rolle, zumindest nimmt sie wenig Raum ein. Präzise gesagt beschränkt sie sich auf einen Satz:

> Jona 3,4: Noch 40 Tage, dann wird Ninive umgestürzt!

Ninive (das heutige Mossul, Irak) gehört zu den drei wichtigen Orten in der Erzählung. Ausgangspunkt ist Jafo an der Küste Israels bzw. Palästinas, Zielort ist besagtes Ninive im heutigen Irak und mit Tarschisch wird ein Zwischenstopp angefahren, der in genau entgegengesetzter Richtung zum Ziel liegt, vermutlich auf der anderen Seite des Mittelmeeres in Spanien, am anderen Ende der Welt.

Spannend ist die Frage, in welcher Zeit wir uns befinden, weil sie neben anderen Indizien anschaulich zeigt, dass wir es nicht mit einem historischen Bericht zu tun haben. Das Buch erzählt nach eigener Angabe die Geschichte des Propheten Jona, der ein Sohn von Amittai sein soll. Ein solcher Jona ben Amittai taucht tatsächlich in 2. Könige 14,25 auf und soll zur Zeit von König Jerobeam II. gelebt haben, also etwa 787–747. Das macht ein wenig Probleme, denn Ninive wurde erst 701 unter Sanherib (assyrischer König von 705 bis 681) zur Hauptstadt des Assyrischen Reiches und damit erst zu dieser Zeit so richtig prominent.

Die Stadt ist noch in anderer Hinsicht ein Beleg dafür, warum diese Geschichte sicher nicht den Anspruch hat, eine wahre Begebenheit zu berichten. Ninive, diese „große Stadt" (Jona 1,2 und 3,2), ist nach Jona 3,3 genau drei Tagesreisen groß. Nimmt man mal einen Mittelwert von etwa 30 Kilometern Fußweg pro Tag an, hatte Ninive einen Durchmesser von 90 Kilometern. Nur zum Vergleich: Berlin hat heute grob und wohlwollend in einer Onlinekarte gemessen eine bewohnte Fläche mit einem Durchmesser von etwa 45 Kilometern, also die Hälfte. Eine Stadt von 90 Kilometern Durchmesser könnte noch heute bei den größten Metropolregionen der Welt mithalten. In der Antike gibt es so etwas sicher nicht. Es geht sogar noch genauer: Der assyrische König Sanherib ließ die Stadt kurz nach seiner Machtübernahme mit einer Stadtmauer befestigen. Die lässt sich noch heute archäologisch nachweisen und in Onlinekarten von oben anschauen und ausmessen. Siehe da: Die Stadt hatte demnach wohlwollend eine Länge von knapp fünf Kilometern ... um dafür drei Tage zu brauchen, dürfte jeder Schritt (je eine Sekunde) nur etwa sechs Zentimeter lang sein. Wobei es durchaus zur Jonakarikatur passen würde, dieses Tempo vorzulegen. Da hätte ich auch spätestens nach einem Tag keine

Lust mehr (Jona 3,4). Das Ninive des Jonabuches ist nicht historisch skizziert, sondern als maßlos groß und damit zugleich übermäßig böse gezeichnet.

Soweit die historischen Verhältnisse zur erzählten Zeit. Es gibt aber deutliche Hinweise, dass das Buch viel später geschrieben wurde, als es die Erzählung vorgibt. Das ist für uns grundsätzlich nicht so entscheidend bei der Lektüre. Aber in gewisser Hinsicht ist es doch bedenkenswert, wenn nicht gar bedenklich: Denn im Jahr 612 ist Ninive tatsächlich zerstört worden, entgegen der im Buch erzählten Verschonung. Die Erzählung klingt mit diesem Wissen im Hinterkopf noch einmal anders und provoziert einige Fragen. Wir lassen sie aber einfach offen, was sehr gut zum Jonabuch passt. Der Zerstörung Ninives werden wir bei Nahum wieder begegnen.

Noch ein letzter sachdienlicher Hinweis zur Struktur: Das Buch lässt sich ungefähr anhand der Kapitel gliedern. Interessant ist, dass die ersten beiden Kapitel in den letzten beiden sozusagen neu aufgerollt werden. Man kann die Kapitel 1 und 2 fast parallel zu den Kapiteln 3 und 4 lesen, der Erzählablauf ist jeweils ähnlich: Auf Befehl und (Un-)Gehorsam mit Einsicht und Umkehr (1+3) folgt eine Auseinandersetzung zwischen Gott und dem Propheten (2+4). Durchschreiten wir die Kapitel nacheinander.

Der Fluch der Flucht

Es geht los mit einer Szene, die einen Grundzug der Propheten ad absurdum führt. Wir erinnern uns an Amos 3,8: „*G*tt* hat geredet – wer wird da nicht zum Propheten?“ Jona hört Gott wohl, will aber nicht so recht zum Propheten werden.

> **Jona 1,2–3:** Steh auf und geh nach Ninive, die große Stadt und rufe ihr zu, dass mir ihre Bosheit in Sicht gekommen ist! Und Jona stand auf, um nach Tarschisch zu flüchten, *G*tt* außer Sicht.

Schon hier klingt es wie Satire: Im Stil der drei Affen, die nichts hören, sehen und sagen wollen, zeigt Jona Gott die kalte Schulter und macht trotzig das genaue Gegenteil. Soweit der Auftakt der Geschichte.

Je nach Prägung könnte das fromme Bauchgefühl dazu einladen, sich gleich vom rebellischen Jona zu distanzieren. Immerhin ist der Gottesflüchtling wahrlich kein Paradebeispiel gläubiger Ergebenheit. Daran wird sich bis zum Ende nichts ändern. Hier stehen uns nun zu Beginn der Reise zwei Möglichkeiten offen: Wir könnten die Distanzierung durchziehen und Jona als bloßes abschreckendes Beispiel verachten, weil wir weder so sind, noch so sein wollen wie er. Wenn wir allerdings irgendetwas von den bisherigen Propheten gelernt haben, dann so viel, dass sie für Distanz wenig übrighaben. Ich kann mir sie zwar irgendwie vom Hals halten, dann versinken sie aber auch im Schlund der Belanglosigkeit.

Die zweite Möglichkeit hat deutlich mehr Wagnis zu bieten, dadurch aber einen faszinierenden Charme. Sie fordert heraus, die Erzählung nicht bloß von außen zu betrachten oder gar von oben herab, sondern von innen heraus. Ich zwinge mich selbst dazu, in jeder Szene mitzudenken: Ich bin Jona! Das dürfte etwas schmerzhaft sein, ist aber ohnehin selbst dann die logische Folge, wenn ich Jona weit von mir weghalten will. Denn gerade so bin ich der, der vor der Stimme Gottes aus dem Jonabuch davonläuft. Ich bin Jona, in jedem Fall. Die Frage ist nur, ob ich mich auf seinen unangenehmen Weg einlasse in der Hoffnung, dass diese Reise etwas in mir bewegt. Oder will ich so tun, als hätte Jona nichts mit mir zu schaffen? Das wird bis zuletzt die Frage sein, auf die das Buch keine Antwort gibt. Denn es ist die bleibende Frage meines Lebens und Glaubens.

Wie auch immer, die verfluchte Gottesflucht endet im Sturm und in der nächsten satirischen Pointe: Jona schlummert selig, während alle anderen um ihr Leben kämpfen – und damit natürlich auch um seines! Der Fluch seiner Flucht ist nicht der Sturm an sich, der wird dem Erzählfluss vielmehr zum Segen. Der Fluch auf Jonas Flucht ist, dass er schläft und gar nicht mitbekommt, wie andere um sein Leben kämpfen.

Darin erkenne ich mich durchaus wieder. Denn oft bekomme ich nicht mit oder will nicht wahrhaben, wie sich andere um mein Leben mühen. So ganz anders, mit ihren eigenen Mitteln, nach ihren eigenen Fähigkeiten und in ihrer je ganz eigenen politischen, religiösen oder sogar wissenschaftlichen Überzeugung.

> Jona 1,5: Die Seeleute fürchteten sich und schrien, jeder zu seiner Gottheit [...]

Meine Flucht ist möglicherweise, dass ich verschlafe, wie sehr gerade andere um unser gemeinsames Überleben kämpfen. Dabei (man verzeihe mir das äußerst platte Spiel mit dem Sprichwort) sitzen wir doch letztlich alle im selben Boot. Nur einer schläft und bekommt gar nicht mit, wie sehr sich andere auch für ihn aufreiben: ich.

Na klar, das ist nur ein kleiner Ausschnitt dessen, was ich bin. Es ist nur eine von vielen Szenen in meiner ganz persönlichen Satire. Aber sie trifft mit ihrer plakativen Art etwas in mir. Weil ich beispielsweise erst als erwachsener Mensch mit eigenen Kindern zu spüren bekomme, wie sich meine Eltern für mich haben aufreiben müssen. Weil ich über Menschen in verantwortungsvollen Positionen in Kirche und Gesellschaft schimpfe und nicht bemerke, welche Kämpfe sie manchmal ausfechten, um ein solides Miteinander zu gestalten. Mich als schlafenden Jona zu entdecken, lässt mich eine empathische Stimme Gottes hören, die mich an den Einsatz der anderen erinnert. Vielleicht entlockt sie mir sogar dankbare Wertschätzung für diejenigen, die ich sonst verschlafe und über die ich so gerne schimpfe.

Der Fluch ist damit aber noch nicht vorüber, die Satire noch längst nicht ausgespielt. Sie spinnt sich aus zu einer Tragikomödie über das Leben selbst, zu einem Drama um den Wert jedes Lebens. Nicht nur, dass Jona den Kampf um sein eigenes Leben verschläft – als er aufwacht, will er es sogar wegwerfen (lassen).

> **Jona 1,12:** Er sagte zu ihnen: „Nehmt mich und schleudert mich ins Meer. Dann wird sich das Meer für euch beruhigen. Denn ich erkenne, dass dieser große Sturm meinetwegen über euch gekommen ist."

Er, Jona, der Prophet des lebendigen Gottes, der das Leben machte samt Himmel, Erde und Meer (Jona 1,9), diesem Jona ist sein eigenes Leben egal und nichts mehr wert. Er gibt nichts mehr auf sein Dasein. Warum springt er eigentlich nicht selbst? Nicht einmal jetzt beteiligt er sich am Überlebenskampf, will auch das noch die anderen machen lassen. Die Satire ist: Die mit den anderen Gottheiten, die lassen ihm das nicht so einfach durchgehen.

> **Jona 1,13:** Da ruderten die Männer, um zurück an Land zu kommen, aber sie konnten es nicht, denn das Meer tobte und stürmte ihnen entgegen.

Es wäre ein Leichtes und moralisch sogar irgendwie zu rechtfertigen, den offenbar todessüchtigen Mitreisenden über Bord zu werfen und sich so des Problems zu entledigen. Sie tun es nicht, sie rudern verzweifelt, und der Kampf um Jonas Leben geht vorerst weiter. Als es dann der allerletzte Ausweg zu sein scheint, dieses eine Menschenleben zu opfern, um wenigstens einige der anderen zu retten, da tun sie es in tiefer Zerknirschung vor dem fremden Gott des mitreisenden Fremden:

> Jona 1,14–15: Da riefen sie zu *G*tt* und sagten: „Bitte, *G*tt*, lass uns bitte nicht umkommen mit dem Leben dieses Mannes. Bring kein Blut über uns – unschuldig! – denn du selbst, *G*tt*, hast getan, wie du es wolltest." Dann nahmen sie Jona und schleuderten ihn ins Meer. Da hörte das Meer auf zu toben.

Stille. Nun ist es passiert. Das einzelne Leben des Fremden ist den Fluten geopfert, und es klingt fast so, als trauere das Meer in aller Stille um den Verlust dieser Menschenseele. Ein stilles Entsetzen über das Drama des Lebens zwischen Bedrohung und Selbstentwertung, eine traurige Ruhe nach dem Kampf um das Menschenleben. Darin liegt ein weiterer Fluch dieser Geschichte: dass dem Leben im Ringen um sich selbst so hart zugesetzt wird. Leben setzt sich auf Kosten von Leben durch, seit jeher. Was für eine endlose Tragödie!

Die Besinnung des Unsinns

Doch auch die Komödie nimmt kein Ende. Der Nicht-Prophet, der sich vom Tod verschlungen wünschte, findet sich verschlungen vom Lebe(wese)n wieder. Der prophetische Verächter des eigenen Lebens bleibt selbst auf wundersame Weise im Leben. „Ungerechtigkeit!", möchte ich rufen. Und als wäre es nicht schon genug, setzt der Lebensmüde an zu einer Ode an das Leben.

> Jona 2,3+7: Ich rief aus meiner Not zu *G*tt* und er reagierte auf mich. Aus dem Bauch des Totenreiches schrie ich nach Hilfe und du hörtest meine Stimme. [...] Bis zu den Wurzeln der Berge versank ich, die Schlösser des Landes gingen hinter mir für immer zu. Da zogst du mein Leben vom Grund herauf, *G*tt*, mein Gott.

Das Jonalied in Kapitel zwei kann auf vielerlei Weise verstanden werden. Ich entscheide mich für diese: Die Ironie des Gesanges ist kaum zu ertragen. Er, der sein Leben wegwerfen wollte, besingt nun fröhlich die Rettung desselben in einer unnachahmlichen Selbstgefälligkeit.

> Jona 2,9–10: Diejenigen, die falsche Nichtigkeiten anbeten, lassen ihre Treue hinter sich. Ich aber, mit Dankliedern auf den Lippen, will dir Opfer bringen; was ich gelobt habe, will ich erfüllen. Hilfe ist bei *G*tt*!

Hallo? Es waren doch die Verehrer der „falschen Nichtigkeiten", die dir bis zuletzt den Arsch retten wollten! Als hätte das

Drama auf See keinerlei Eindruck hinterlassen. Als wären es tatsächlich (nur) die anderen, die sich an das Nichtige halten, „ich aber" hätte damit nichts am Hut. Da kann selbst der Fisch nicht anders, als mit göttlicher Legitimation zu kotzen. So ungefähr müsste man zumindest wörtlich übersetzen.

> **Jona 2,11:** Da redete *G*tt* zum Fisch und der kotzte Jona aufs Trockene.

Es fällt nicht leicht, den Jona im eigenen Dasein zu erkennen, denn die Geschichte ist mehr als plakativ. Doch vielleicht dringt gerade ihre „Lautstärke" zu einem Teil in mir vor, den ich gerne abschirme, weil er so unglaublich verletzlich ist: die berüchtigte Selbsterkenntnis. Vielleicht ermöglicht mir diese schreiende Satire auf das Leben genau jenen Moment, den es braucht, um meine Rolle im Drama einmal zu erkennen. Da, wo ich mich besser mache, als ich bin. Genauso aber auch da, wo ich mir weniger Wert beimesse, als mir eigentlich gebührt. Da, wo ich das Leben um mich herum mehr auskoste, als ich beizutragen habe. Aber auch da, wo das Leben sich buchstäblich Fantastisches und Märchenhaftes einfallen lässt, um mich bei sich zu halten.

Wie viel im Leben geht schief und welch Durcheinander entsteht, weil Menschen sich für etwas anderes halten, als sie sind. Weil sie die Bedeutung ihrer Meinung übertreiben oder den Wert ihrer Überzeugung unterschätzen. Ich sage „sie" und meine mich. Weil ich genauso auf der Flucht bin vor dem Leben und mir selbst. Es ist wirklich manchmal zum Kotzen, wie durcheinander und verwinkelt der Weg des Lebens hin zum Leben ist.

Das bebende Leben

Wir gönnen uns eine Abkürzung durch Kapitel drei hindurch. Noch einmal wird das Thema durchgespielt, und im Ringen um das Leben ist nicht wirklich klar, wer eigentlich auf der Seite des Lebens steht. Der Gerettete sagt den Untergang an, die dem Untergang Geweihten werden gerettet.

> Jona 3,4+10: Noch 40 Tage, dann wird Ninive umgestürzt! […] Und als Gott ihr Tun sah, dass sie umkehrten von ihrem unheilvollen Weg, da bereute Gott das Unheil, das er ihnen angedroht hatte – und tat es nicht.

Das Jonabuch weicht ständig Grenzen auf, bricht mit religiösen Stereotypen, hält sich kaum an moralische Konventionen – und all das im Namen Gottes! Mittendrin wankt der irgendwie auch ärmliche und erbärmliche Prophet, der nicht mehr zu wissen scheint, wo oben und unten ist. Jedenfalls wird seine Vorstellung vom Leben ganz ordentlich durchgeschüttelt – und all das im Namen des Lebens!

Jona an mich heranzulassen, bedeutet immer wieder, mich verschwimmenden Grenzen auszusetzen, die Muster meines Glaubens schwinden zu sehen und das „ewig Wahre“ fahren zu lassen. Weil all das Beiwerk ist. Weil all das einem noch höheren Ziel und Sinn untergeordnet wird: dem Leben. Wenn wir es mal genau nehmen, dann unterwirft sich sogar Gott selbst diesem höchsten Gut des Lebens! Kein göttlicher Wert ist so hoch, dass er nicht noch vom bloßen Leben überholt werden könnte. Heil schlägt Unheil, Gnade triumphiert über das Gericht (Jakobus 2,13). Das trifft mich in meiner Selbsterkenntnis und in meinem Selbstbewusstsein, weil hier gerade der Verkünder der göttlichen Botschaft Lügen gestraft wird. Was er im Auftrag Gottes in die Welt posaunt, entpuppt sich am Ende als heiße Luft. Weil das Leben wichtiger ist. Weil es wichtiger ist, dass Menschen immer wieder eine Chance bekommen.

Das offene Hoffen

Das Jonabuch stellt Fragen, auf die es selbst keine Antwort gibt. Es stellt Fragen an das Leben, die vom Leben selbst überrannt werden. Es stellt mein eigenes Leben infrage: Bin ich bereit, meine Überzeugungen sterben zu lassen, damit Menschen leben können? Analog zum zweiten Kapitel wird nun im letzten eben jene zynische Selbstgerechtigkeit eindrücklich infrage gestellt. Als das Leben Ninives erhalten bleibt, bricht es aus dem Propheten heraus. Eine Szene wie am Ende von „Fight Club“[23], von der aus alles Vorherige in einem völlig neuen Licht erscheint.

> Jona 4,2–3: Ach *G*tt!* Hab ich's nicht gesagt, als ich noch auf meinem Fleckchen Erde war? Deshalb wollte ich dem zuvorkommen, indem ich nach Tarschisch fliehe. Denn ich wusste, dass du ein Gnadengott bist und barmherzig, kleiner Zorn und große Treue, du bereust das Unheil. Und jetzt, *G*tt*, nimm endlich mein Leben von mir – denn mein Tod ist besser als mein Leben.

Lieber selbst tot sein, als andere leben zu sehen? Schärfer lässt sich nicht sagen, wie sehr sich Religion verrennen kann. Brutaler lässt sich nicht ausdrücken, wie sehr sich ein Glaube irren kann, der sich verselbstständigt, weil er nicht mehr dem Leben dient; weil er sich nicht mehr dem Leben unterordnet; weil das vermeintlich fromme Mitgefühl für das Leben letztlich egoistischen Interessen nachläuft (Jona 4,6–11). Am Ende will ich selbst recht behalten und ertrage die Möglichkeit nicht, dass ich mich grundlegend geirrt haben könnte. Obwohl ich es eigentlich hätte wissen müssen. Obwohl ich des Rätsels Lösung ständig mit mir herumgetragen habe: „ein Gnadengott und barmherzig, kleiner Zorn und große Treue". Trotzdem habe ich nicht verstanden, was das bedeutet, und verwechsle meine Selbstgerechtigkeit mit der Gerechtigkeit Gottes. Denn bei der göttlichen Gerechtigkeit geht es nicht um richtig oder falsch, sondern um das Leben!

Das Jonabuch wird mir zur Herausforderung, mit meinem ständigen Irrtum zu rechnen, weil ich zwar davon höre, wie Gott ist – „ein Gnadengott und barmherzig, kleiner Zorn und große Treue" – aber insgeheim doch nicht damit rechne, dass es ernst gemeint sein könnte. Jona provoziert den ständigen Zweifel, ich könnte mich in Gott geirrt haben, weil mir nicht passt, wie Gott ist. Jonas Geschichte erzählt mir davon, dass ich mich definitiv in Gott irre, wo ich meine gefühlten Wahrheiten vom Göttlichen für höher erachte als das Leben.

Das Besondere am Jonabuch ist, dass der Prophet nicht der Rufer ist, sondern der eigentliche Hörer. Hier gerät also wirklich alles durcheinander. Worauf ist im Kanon des Chaos überhaupt noch Verlass? Auf das Leben, könnte die Antwort sein. Weil Gott das Leben will. Weil Gott dem Leben die Treue hält, wie es zwar nicht Jonas eigener Name andeutet, aber doch der seines Vaters: Amittai, „Treue JHWHs". Weil Gott selbst das Leben ist. Weil das Göttliche auch mal fünf gerade sein lässt, wenn es ums Leben geht ... oder?

Jona 4,11: Sollte ich Ninive nicht verschonen, die große Stadt, in der es mehr als 120.000 Menschen gibt, die links und rechts nicht unterscheiden können, dazu eine Menge Tiere?

Micha reklamiert die Macht

Beim Blick in die Zeitungen habe ich regelmäßig das Gefühl, als sei die politische Welt endgültig verrückt geworden. Ob es bloß daran liegt, dass ich dafür empfindsamer werde oder dass es tatsächlich immer absurder wird, vermag ich gar nicht zu sagen. Aus dem Weißen Haus ist man das Chaos seit 2017 fast gewöhnt, was unglaublich erschreckend ist, weil sich die Grenzen anständiger Tabus in der 45. Präsidentschaft der mehr oder weniger Vereinigten Staaten immer weiter verschoben.

Oder man denke an die erschütternde Realsatire namens „Brexit". So unterhaltsam es bisweilen auch sein mochte, in meinen nachdenklichen Momenten war ich „not amused". Vielmehr bin ich bei solchen Beispielen immer wieder mächtig irritiert, wie mit politischer Macht gespielt wird. Daher ist unser nächster Prophet nach wie vor aktuell, denn Micha reklamiert die Macht.

Die gelehrte Diskussion darüber, was Macht ist und wie sie funktioniert, ist zu umfangreich, um da tiefer einzusteigen. Wir belassen es bei dieser groben Richtung, wenn Micha die Macht reklamiert: Macht bedeutet, Ideen verwirklichen zu können. Oder wie der Duden angibt: Macht ist die „Gesamtheit der Mittel und Kräfte, die jemandem oder einer Sache andern gegenüber zur Verfügung stehen".[24] Mit dem Buch Micha tauchen wir ein in die Fragen nach der Macht, ihrer Verantwortung, und wir fragen nicht zuletzt nach den Ideen, die einer Verwirklichung wirklich wert sind.

Micha: „Wer ist wie …?"

Doch zuerst nehmen wir uns wieder ein paar Zeilen für einen Überblick und stellen auf den ersten Blick fest: Micha ist ein relativ chaotisches Buch. Es beginnt mit dem Namen, der in dieser Form einen unvollständigen Satz ergibt: „Wer ist wie …?" Außerdem wechselt die Darstellung zwischen Nord- und Südreich hin und her, nennt gefühlte Unmengen an verschiedenen Orten, von denen man gar nicht immer weiß, wo sie liegen, ob es sie gibt, oder ob es sich nicht eher um Wortspiele handelt. Das Chaos wird dadurch perfekt, dass sich Heil und Unheil ständig abwechseln. Wobei man das sogar als Ordnungsprinzip oder Gliederungskonzept benutzen und das Buch entsprechend einteilen kann, denn mehrmals wechselt es thematisch vom Unheil zum Heil und zurück (Micha 2,12; 3,1; 4,1; 6,1; 7,8).

Zum Chaos gesellt sich außerdem, dass ganz unterschiedliche Zeiten angedeutet sind. Wir werden an die Macht des Assyrischen Reiches im achten Jahrhundert erinnert, an die Macht des Babylonischen Reiches im sechsten Jahrhundert, möglicherweise ist die Zeit des Wiederaufbaus nach dem Exil um das fünfte Jahrhundert herum angedeutet, eventuell sogar noch spätere Phasen. Ein Zeitraum von über 200 Jahren also. Der Prophet selbst soll nach Micha 1,1 in der Zeit der Könige Jotam (757–742), Ahas (742–723) und Hiskia (723-695) gewirkt haben. Das umspannt dann mindestens einen Zeitraum von knapp 20 Jahren, also die Regierungszeit des mittleren Königs Ahas plus jeweils mindestens einen Tag nach vorne und hinten. Wenn die gesamte Regierungszeit der genannten Könige gemeint ist, käme man auf geradezu unglaubliche 62 Jahre bis zur Rente. Man kann darin wieder ahnen, dass es vor allem um diese Schrift namens „Micha" geht, nicht (oder wenigstens nicht zuerst) um die Prophetengestalt dahinter.

Das vermeintliche Chaos im Buch dürfte das Ergebnis einer langen Entwicklung des Textes sein. Man hat ihn durch die Geschichte hindurch immer wieder auf die eigene Situation zugeschnitten und erweitert, es wurde sozusagen direkt im Text interpretiert und kommentiert. Alternativ könnte man sich die Prophetenbücher ja so vorstellen, dass sie in einem Rutsch von einer prophetischen Person am Schreibtisch entworfen wurden, zumindest werden sie in manchen Traditionen so behandelt. Sie sind aber vielmehr Gemeinschaftsprojekte über Jahrzehnte und Jahrhunderte hinweg. Irgendwann flossen dann die verschiedenen Texte und Kommentare ineinander und wurden zu einem einzigen Buch zusammengestellt, das für die letzten Bearbeiter*innen ein sinnvolles Ganzes ergeben haben dürfte. Für die Entwicklung der Michaschrift interessant sind einige wörtliche Überschneidungen mit dem großen Propheten Jesaja, einem Zeitgenossen Michas. Das betrifft etwa die Abschnitte Micha 4 und Jesaja 2. Man hat sich also auch an Texten bedient, die schon da waren, ein Urheberrecht gab es ja noch nicht. Bei Micha und Jesaja ist es allerdings bis heute schwer zu sagen, wer von wem „geklaut" hat oder welche gemeinsame Vorlage sie hatten.

Aber zurück zum Thema: Micha reklamiert die Macht. Wie in den vorigen Kapiteln umkreisen wir das Thema und greifen mal mehr, mal weniger darauf zurück. Beim Michabuch könnte es hilfreich sein, alle Kapitel kurz zu streifen. Denn trotz des vermeintlichen Chaos ergibt das einen relativ schlüssigen Gedankengang, solange man nicht versucht, jedes einzelne Verslein mitzunehmen, es ganz genau zu vermessen und auszuleuchten. Wir machen Station bei unterschiedlichen Akteur*innen der Macht.

Die Macht Gottes

Es beginnt mit der Macht Gottes. Die wird anschaulich beschrieben, kommt in dieser Anschaulichkeit allerdings auch recht unsympathisch daher, wie ich finde:

> **Micha 1,3–4:** Ja, seht hin, *G*tt* zieht aus seinem Ort aus, steigt herab und tritt auf die Höhen der Erde! Unter ihm zerschmelzen Berge und Täler reißen auf; wie Wachs vor dem Feuer, wie wenn Wasser den Abhang hinabstürzt!

Da kommt er angestürmt, der liebe Gott...zilla, ganz mächtig außer sich und wutentbrannt. Bei den Recherchen zu diesem Wortspiel habe ich übrigens festgestellt, dass das Godzilla-Motiv in den verschiedenen Filmversionen genauso chaotisch dargestellt ist wie das Göttliche im Buch Micha: Mal als Heil und Schutz für die Welt, mal als Unheil und entfesselte Zerstörung.[25] Dieses Gottzillaproblem werden wir nicht lösen können, vielmehr wird es uns beim nächsten Propheten Nahum in kaum zu überbietender Schwere begegnen. Wir belassen es bei der Beobachtung: Gott tritt machtvoll auf den Plan und hat einen Grund dafür, denn es läuft etwas grundlegend schief. Das Problem im ersten Kapitel nennt sich „Götzen", falsche Götter, verkehrte Gottesbilder.

Micha 1,7: Alle ihre Gottesbilder sollen zertrümmert werden und alle ihre Gottesgeschenke im Feuer verbrannt. Alle ihre Götterfiguren mache ich zu Staub, denn vom Götterlohn für die Rumhurerei wurden sie angeschafft – und zum Götterlohn für die Rumhurerei sollen sie so auch wieder werden.

Das mit der „Rumhurerei" hatten wir schon bei Hosea am Rande und ignorieren es hier großzügig. Auch die Sache mit den Göttern, ihren Figuren und Geschenken ist für einen christlich sozialisierten Menschen im 21. Jahrhundert nicht unmittelbar greifbar. Versuchen wir es für den Moment einmal so: Wenn die Kritik an der Religion im Raum steht, dann geht es um das Grundsätzliche. Wenn es um Gott und falsche Götter geht, dann sind die Grundfragen des Lebens gestellt. Dann sind wir gefragt, worum es uns im Leben wirklich geht. Mit dem Wort „Gott" fragen wir nach den Dimensionen des Lebens, die uns noch gründlicher treffen als alle anderen, schmerzhafter als jeder Schicksalsschlag, erheiternder als jeder Sonnenaufgang. Der Theologe Paul Tillich nannte es die Fragen nach dem, „was uns unbedingt angeht". Er schrieb: „Hier gibt es kein Ausweichen. Was uns unbedingt angeht, läßt keinen Augenblick der Gleichgültigkeit und des Vergessens zu. Es ist ein Gegenstand unendlicher Leidenschaft. [...] Das, was uns unbedingt angeht, ist das, was über unser Sein oder Nichtsein entscheidet."[26] Tillich schreibt natürlich zweieinhalb Jahrtausende später als die Autor*innen des Michabuches, trifft aber doch ganz gut, welche Stimmung mir im ersten Kapitel von Micha begegnet: Hier geht es ums Ganze.

Wenn der Vorwurf lautet: „Ihr lauft den falschen Göttern hinterher!", dann heißt das im angedeuteten Sinne in etwa:

„Ihr setzt eure eigene Existenz aufs Spiel! Ihr rennt am Leben vorbei und verpasst das, worum es wirklich geht!" Puh, das muss sich erst mal setzen. Die Prophetenbücher sind keine Gute-Nacht-Lektüre.

Behalten wir den Gedanken im Hinterkopf und ziehen weiter. Nach der Religions- beziehungsweise Lebenskritik des ersten Kapitels geht es weiter mit der Kritik an Macht und Recht. Das Michabuch beginnt zwar mit der Anklage der gesamten Menschheit und der ganzen Erde, doch dann zoomt es sozusagen hinein auf eine bestimmte Gruppe, denn jetzt geht es erst einmal um die Mächtigen.

Die Macht der Mächtigen

> **Micha 2,1:** Weh denen, die Unrecht wertschätzen und Böses auf Lager haben! Sie tun es am helllichten Tag, denn sie haben die Macht in der Hand.

Es ist unschwer zu erkennen, dass dieser Vers unserem Kapitel den Titel geliehen hat. Die Anklage ergeht gegen die Mächtigen! Sehr spannend ist übrigens, dass „Macht" hier eine Übersetzung des Wortes ist, das im Namen Micha zu fehlen scheint: *el*, das hebräische Wort für Gottheit. Die Frage nach der Macht und die Frage nach Gott scheinen also recht nah beieinanderzuliegen.

Macht ist ein immer aktuelles Thema. Denn auch in den gegenwärtigen Debatten kann man sich manchmal die Frage stellen, wer denn eigentlich verantwortlich ist für all das Chaos. Sind es tatsächlich die Mächtigen oder vielleicht doch die Ottonormalen, etwa weil sie mit ihrem Verhalten ja steuern könnten, wie Gesellschaft läuft. Schaut man genau hin, ist das natürlich nie ganz leicht zu beantworten, selbst wenn es gelegentlich so aussieht und es je nach politischem Gusto in die eine oder die andere Richtung so vermittelt wird. Micha hält mir einerseits ein Bewusstsein dafür wach, wie kompliziert Verantwortlichkeiten im Weltgeschehen verteilt sind zwischen Straße und Parlament. Zugleich macht er klare Ansagen, hier zuerst an die Mächtigen!

Im Coronasommer 2020 wurde mir die Problemlage deutlich vor Augen geführt. Kurzzeitig diskutierten wir als Gesellschaft über unmenschliche Arbeitsbedingungen, tierisches Wohl und billiges Fleisch, als sich in einigen Betrieben dieser Sparte Hunderte von Menschen mit „SARS-CoV-2" infizierten. Wie immer stand die Frage im Raum, wer letztlich die Verantwortung für solch widrige Umstände wie in der Fleischindustrie trägt: Diejenigen, die das billige Fleisch kaufen (wollen)? Oder nicht doch diejenigen, die es produzieren, und diejenigen, die zulassen, dass es überhaupt möglich ist, sprich: Wirtschaft und Politik? Da kommt mir zumindest der Gedanke, ob man diese Verantwortung wirklich auf die Einzelnen abschieben kann. Kann ich bei jedem Einkauf zur Verantwortung verdonnert werden? Oder muss nicht eher ein Rahmen bestehen, der mich ruhigen Gewissens einkaufen lässt, weil schlicht nur das verkauft wird, was fair und vernünftig produziert wurde?

Von Micha hören wir keine eindeutige Antwort, aber zumindest die Erinnerung, dass diese Frage nicht so einfach zu lösen ist. Zugleich ist es aber doch nicht so kompliziert. Denn Verantwortung tragen vor allem die, die (noch mehr) Macht haben als die Einzelnen, „denn sie haben die Macht in der Hand."

Legen wir uns mal nicht fest, welche Art von Macht das ist. Natürlich zählt dazu politische, technische und finanzielle Macht und letztlich ist auch Wissen Macht. Die Kritik des Micha könnte im Grundsatz lauten: Gebraucht eure Macht nicht für euch selbst! Beim Propheten klingt das so:

> **Micha 2,2:** Sie begehren Grundstücke – und rauben sie. Häuser – und nehmen sie weg.

In Zeiten von Wohnraummangel und Immobilienspekulation ist schon der Wortlaut ein aktuelles Thema. Aber wir nehmen es allgemeiner, denn das Michabuch ist antike Kapitalismuskritik! Oder vielmehr Kritik an einer uferlos egoistischen Variante von Kapitalismus, die nur nach sich selbst schaut und (nicht nur bei Micha im wahrsten Sinne) über Leichen geht.

Versuchen wir so gut wie möglich, nicht bloß in einen rein gesellschafts- und wirtschaftspolitischen Appell einzustimmen, obwohl das besonders bei Micha extrem schwierig ist. Erst recht sollten unsere Überlegungen nicht parteipolitisch enden. Politik ist nicht Religion, und aus dem Glauben lässt sich nicht einfach eine (partei-)politische Agenda ableiten, das konnten wir schon bei Joel beobachten. Also bedenken wir die Sache noch einmal aus einer anderen Perspektive, aus Sicht der Religion, denn Macht und Gott liegen nah beieinander.

> **Micha 2,11:** Wenn ein Mensch käme, ein Lügengeist, und würde lügen: „Lass dich vom Wein und vom Bier berauschen!“ Ja, der würde das Volk in einen Rausch versetzen!

Am bequemsten wäre natürlich, wenn man mir sagte, dass es so grundlegend falsch gar nicht laufe. Damit könnte man sich beruhigen und alles weiterlaufen lassen. Die Idee des Textes ist eine andere. Ob ich sie mir zu eigen mache, ist und bleibt natürlich meine eigene Entscheidung und Verantwortung, schließlich liegen Jahrtausende zwischen mir und dem Text. Aber vielleicht könnte ich mir mit Micha sagen lassen: Nein, es läuft wirklich etwas grundlegend falsch! Und zwar überall da, wo die Mächtigen sich an den Ohnmächtigen vergreifen, wo die Macht zum eigenen Vorteil missbraucht wird, egal ob politisch, wirtschaftlich, kirchlich, moralisch oder wie auch immer.

Noch grundsätzlicher: Wo andere unter einer Macht leiden, da wird diese Macht missbraucht. Da muss ich mich natürlich selbst mit hineinnehmen, denn wo andere unter meiner Macht leiden, sei sie noch so klein, da wird diese Macht missbraucht, da geraten Gott und Macht in Widerspruch. So verstehe ich Michas Kritik. Er fordert nicht, die Macht aufzugeben, sondern sie lebensfördernd einzusetzen. Das scheint so grundlegend und lebenswichtig, dass der Allmächtige selbst mit Feuer und Wasser aus dem Himmel herabstürzt, wo Macht das Leben (der anderen) überfordert. Was für ein mächtiges Bild für die Überzeugung, dass Menschen hier an den Grundfesten des Lebens sägen.

Spannend ist, dass den Mächtigen zugetraut wird, dass sie es doch eigentlich besser wissen. Gerade die Mächtigen sollten in der Lage sein, diese Grundfesten zu schützen.

> **Micha 3,1:** Hört doch, ihr Köpfe Jakobs und ihr Mächtigen im Haus Israel: Ist es nicht gerade an euch, das Recht zu erkennen?

Dabei geht es natürlich nicht darum, das Recht mit juristischen Spitzfindigkeiten zu eigenen Gunsten auszulegen oder seine Schlupflöcher zu nutzen, um den eigenen Vorteil zu suchen. Es geht überhaupt nicht um eine im engeren Sinne juristische Frage (siehe Amos). Micha ruft nicht nach Paragrafen, es hört sich für mich vielmehr so an, als berufe er sich auf ein Grundgefühl des Lebens. Es klingt, als appelliere er an einen moralischen Kompass des Menschen, als müsse da irgendetwas sein, was einem Menschen sagt, dass es so nicht funktionieren kann. Vielleicht reklamiert Micha nicht nur die Macht, sondern appelliert an das, was wir Skrupel nennen, die „auf moralischen Bedenken beruhende Hemmung“, vielleicht schreit er nach dem „Zweifel, ob ein bestimmtes Handeln mit dem eigenen Gewissen vereinbar ist“.[27]

Manchmal bin ich mir unsicher, ob es so ein Grundgefühl tatsächlich gibt. Wenn ich Micha in meinem Ohr klingen lasse, dann höre ich bei ihm die Verzweiflung über die offenkundige Skrupellosigkeit von Mensch und Gemeinschaft. Es ist ein tiefer Weltschmerz, der sich in diesen Worten ausdrückt:

> **Micha 3,1–3:** Ist es nicht gerade an euch, das Recht zu erkennen? Ihr hasst das Gute und liebt das Böse. Ihr zieht ihnen die Haut ab und das Fleisch von ihren Knochen. Ihr seid es, die das Fleisch meines Volkes gefressen, ihnen die Haut abgezogen und ihre Knochen gebrochen habt, zerstückelt wie für einen Fleischtopf, wie Fleisch im Topf.

Das ist schon eine brutale Sprache. Sie lässt die Entrüstung der Autor*innen dahinter erkennen, denn was sie da anprangern, lässt sich eben nicht mit einem „Ach, wie schade!“ beiseiteschieben. Es handelt sich nicht um Kavaliersdelikte oder Bagatellen. Wo die Mächtigen gegen die Ohnmächtigen ins Feld ziehen, da gerät die Welt aus den Fugen!

Das Michabuch geht noch einen Schritt weiter: Wer sich an der Ausbeutung der Ohnmächtigen, Armen und Unterdrückten beteiligt, hat jedes Recht verwirkt, sich auf Gott zu berufen! Sollte es eines Tages dazu kommen, dass die Bedränger*innen selbst in Bedrängnis kommen und sie die Auswirkungen ihres Tuns zu spüren beginnen, sagt ihnen der Prophet ohne Umschweife zu:

Micha 3,4: Dann werden sie zu *G*tt* schreien – und er wird nicht antworten. Zur gleichen Zeit wird er sein Gesicht vor ihnen verbergen, weil ihre Taten böse waren.

Das ist starker Tobak: Gott wendet sich von Menschen ab. Was für ein nahezu unerträglicher Gedanke. Ich ringe damit, ihn in meinem Gottesbild unterzubringen. Aber erinnern wir uns daran, wie Bibel funktioniert: Sie ist kein fotografisches Abbild göttlicher Wirklichkeiten, sondern Ausdruck dessen, wie Menschen Gott erleben. Dann ist solch ein Text ein mächtiges Bild dafür, wie sehr Menschen sich von der göttlichen Idee von Welt entfernen können und wie intensiv Menschen an dem Ast des Lebens sägen, auf dem sie selbst sitzen. Wenn das gnädige Wesen Gottes auf diese Weise ad absurdum geführt wird, drückt das nicht weniger aus als die Erfahrung, was für ein absurdes Leben Menschen immer wieder zustande bringen. Ein ungnädiger Gott? Darin spiegelt sich ein ungnädiges Leben, das sich vom Leben abwendet, ganz besonders vom Leben der anderen.

Die Macht der anderen

Dabei sind es gerade die anderen, auf denen die Hoffnung liegen könnte. Denn die angesprochenen Mächtigen haben es offensichtlich nach Strich und Faden vergeigt. Dieses Gespür greift das Michabuch auf, wenn es den nächsten Trumpf aus dem Ärmel zaubert. Nachdem Gott im ersten Kapitel schon godzillamäßig auftrat, bricht nun im vierten das Weltende an:

Micha 4,1: So wird es in den letzten Tagen sein …

Dabei ist eher nicht das zeitliche Ende der Welt im Blick, sondern das, was sprichwörtlich „am Ende" zählt. Worauf es „am Ende" ankommt. Und was ist das? Eine völlige Überraschung. Denn „am Ende" werden diejenigen auf der Seite Gottes stehen, von denen es niemand erwartet hat.

> **Micha 4,2:** Viele Völker werden gehen und sagen: „Los, lasst uns auf den Berg *G*ttes* ziehen und zum Haus von Jakobs Gott. Der soll uns seine Wege zeigen und wir wollen auf seinen Pfaden gehen!" Denn vom Zion geht Orientierung aus, von Jerusalem aus das Reden *G*ttes*.

Die Völker, das sind „die anderen"! Gerade sie kommen und merken offenbar, dass beim Gott des Michabuches etwas zu finden ist. Und zwar nicht irgendetwas, sondern Leben! Ich höre darin ein Aufatmen des Propheten nach der Verzweiflung über die Skrupellosigkeit: „Gott sei Dank, es gibt doch noch Menschen mit einem funktionierenden moralischen Kompass. Es gibt doch noch solche, die merken, dass etwas anders laufen muss!" Und notfalls sind es die anderen, weil sich das Göttliche nicht auf ein Volk beschränken lässt. Weil sich Gott nicht auf eine Kirche festlegen lässt, nicht einmal auf eine Religion! „Am Ende" steht viel mehr auf dem Spiel als das. Denn was „am Ende" zählt, ist das Leben. „Die anderen" hoffen, dass in der Begegnung mit diesem Gott das Miteinander zu funktionieren beginnt, weil sich das Gegeneinander legt. Dass dadurch endlich die Unterdrückung aufhört, weil wir uns gegenseitig das Leben gönnen. Oder in der Sprache des Michabuches:

Micha 4,3: Ihre Schwerter werden sie zerstören und zu Arbeitsgeräten machen und ihre Speere zu Werkzeugen. Kein Volk wird gegen ein Volk das Schwert erheben und sie werden nicht einmal mehr lernen, Krieg zu führen.

Was für eine Utopie! Doch manchmal wird aus der Utopie eine Hoffnung, aus der Hoffnung eine Tat! Friede bedeutet ja nicht nur die Abwesenheit von Krieg und Waffen, er geht viel weiter. Schalom (der hebräische Friede) bedeutet, dass Menschen ihren Platz in der Welt finden, innerhalb der Gesellschaft.

Micha 4,6: Am gleichen Tag, so spricht *G*tt*, will ich die Gelähmten sammeln und die Ausgegrenzten zusammenbringen – und alle, denen ich Böses angetan habe.

Das Michabuch hat diese Idee, dass Friede geschieht, wenn die Lahmen gesammelt und die Verstoßenen integriert werden, es hegt die Vision einer inklusiven Gesellschaft. Mehr noch: Micha träumt von einer Gesellschaft, in der die Benachteiligten die Macht haben. Mächtig die Machtlosen! Das erkennen wir doch wieder beim Propheten des Neuen Testaments: „Mächtig sind die, die machtlos sind, denn sie werden die Welt erben!" (Matthäus 5,5) Und mächtig sind die, die sich mit ihnen solidarisieren und ihre Macht für die Machtlosen einsetzen.

So funktioniert unsere Welt nicht, natürlich nicht, leider nicht. Aber genau das immer wieder zu sagen und an die große Idee zu erinnern, das ist die Aufgabe der Prophet*innen. Bis heute.

Die Macht der*des Einen

Manchmal sind es daher auch die Einzelnen. Eben die Prophet*innengestalten mit besonderem Auftreten, besonderem Charisma, mit besonderer Aufmerksamkeit. Sie tragen heute andere Namen: Greta Thunberg, die fürs Klima aufsteht, oder Colin Kaepernick, der gegen den Rassismus kniet.[28] In den vorigen Jahrzehnten hießen sie Rosa Parks oder Dietrich Bonhoeffer, um nur wenige zu nennen. Immer wieder treten solche prophetischen Gestalten auf, die den Finger in die Wunden der Menschheit legen. Prophet*innen sind sie nicht, weil sie bessere Menschen wären, sondern weil wir ihre Botschaft so dringend brauchen.

Das Michabuch geht noch einen Schritt weiter und erwartet diese eine Gestalt, an der sich das ganze Leben orientieren kann. Es beschreibt sie wie einen (nicht zwangsläufig männlichen) Hirten, der seine Herde fürsorglich weidet.

> **Micha 5,3–4:** Er wird auftreten und behüten in der Macht *G*ttes*, im Glanz des Namens *G*ttes*, seines Gottes. Sie können wohnen, denn nun wird er groß werden bis an den Rand des Landes. Er wird der Friede sein.

Gibt es ein friedlicheres Bild als eine grasende Schafherde? Wohl kaum, und doch wird noch eins oben draufgesetzt. Diese Hirtengestalt wird nicht nur friedlich sein, sondern sie wird selbst der personifizierte Friede sein. Sie wird dafür einstehen, dass Barrieren abgebaut werden und Integration geschieht. An ihr werden sich Menschen mehr als nur ein Beispiel nehmen, man wird ihr nachfolgen. Leicht auszudenken, worauf dieser Gedanke in der christlichen Tradition hinauslaufen wird …

Hier geht es aber nicht um eine reale oder gar konkrete Person, natürlich nicht um Greta, Colin, Rosa oder Dietrich und auch nicht um Jesus aus Nazareth. In der Forschung ist gar nicht so richtig klar, was oder wer mit dieser Gestalt gemeint ist. Es liegt tatsächlich irgendwo zwischen realer Erwartung und idealer Utopie. Hier geht es um eine Projektionsfläche für die eigenen Hoffnungen. Das ist besonders in Erinnerung der deutschen Geschichte wichtig und heilsam wahrzunehmen. Denn immer wieder haben Gemeinschaften manche Einzelne viel zu mächtig gemacht. Selten wurde daraus Friede – vermutlich nie. Die fast unrealistisch wirkende Hoffnung ist, dass die Macht einer einzelnen Person sich zum Wohl aller verwirklicht.

Schon im Text wird allerdings gleichzeitig das Gespür dafür deutlich, dass kein Mensch das leisten kann, dass kein echter Mensch all diese Erwartungen zu erfüllen vermag. Dieser Traum ist zu groß für einen Menschen. Daher noch einmal: Gott.

Die Macht Gottes

Selbst das Ideal einer menschlichen Macht muss immer noch einmal von der göttlichen Macht gebrochen werden. Alle Macht findet ihre Grenze an und in Gott und damit am Leben selbst. Gott meint dann vielleicht etwas, das aller Macht überhaupt erst eine Grundlage gibt, einen Sinn und eine Richtung. Es ist das Leben der Welt, das Leben überhaupt, und immer wieder das Leben der anderen, an dem sich alle Macht zu orientieren hat. Wer sich daran vergreift, sieht sich mit der Macht des Allmächtigen konfrontiert. Mehr noch: Wer sich am Leben der anderen vergreift, wird von der Macht der Allmächtigen verklagt!

Das Michabuch hört schon den Versuch einer Verteidigung. Es hört die Ausflüchte und den sehr verständlichen Versuch, diese göttliche Macht irgendwie zu besänftigen, sie irgendwie auf die eigene Seite zu ziehen. Im juristischen Bild gesprochen bleibt nur das Drängen auf eine außergerichtliche Einigung, um einer Verurteilung zu entgehen:

> **Micha 6,6-7:** Womit soll ich *G*tt* entgegenkommen, mich bücken vor dem Gott der Höhe? Soll ich ihm mit Brandopfern entgegenkommen? Mit Kälbern von einem Jahr? Wird *G*tt* sich Tausende von Widdern gefallen lassen? Zehntausende Ölbäche? Soll ich meinen Erstgeborenen geben für meine Verbrechen? Die Frucht meines Leibes für die Schuld meines Lebens?

Das ist eine nur allzu menschliche und äußerst fromme Reaktion. Wir erleben den ehrenwerten Versuch, es irgendwie anderweitig wiedergutzumachen. Frech gesagt nennt man das in manchen Gemeinden wohl „geistliche Übungen". Was man als frommer Mensch nun einmal so macht. Wobei völlig egal ist, was genau man tut – der Zweck verunheiligt hier die Mittel, weil man versucht, sich bei Gott einzuschmeicheln. Wie Gott darauf reagieren würde? Wenn Gott könnte, würde sie sich wohl an den Kopf fassen (ein klassischer Facepalm). Wenn Gott reden könnte, würde Gott vielleicht sagen:

> **Micha 6,8:** Mensch, man hat dir erzählt, was gut ist und was *G*tt* von dir fordert: Nichts anderes, als Recht zu tun, Güte zu lieben und bescheiden bei deinem Gott mitzugehen.

Randbemerkung: Die Lutherbibel übersetzt aus mir unerfindlichen Gründen „Recht“ mit „Wort Gottes“ – das ist so missverständlich, dass es schon fast falsch ist. Es geht um das Recht, das Micha schon die ganze Zeit einfordert. Es ist das, was der Mensch doch eigentlich kennen sollte. Es ist diese Grundordnung des Universums, die das Leben für alle ermöglichen soll: Güte lieben, den anderen das Dasein gönnen. Diese Grundordnung sollte die Rahmenbedingungen dafür schaffen, die Güte lieben zu können, denn genau das ist die Lebensweise, um mit Gott unterwegs zu sein. Auf der Seite des Göttlichen, auf der Seite des Lebens.

Das Spannende daran ist: „Güte zu lieben“ ist nicht nur das, was Gott vom Leben einfordert, sondern es ist auch das, was die Macht Gottes ist und ausmacht.

> Micha 7,18–19: Wer ist Gott, wie du es bist? Der Verfehlungen erträgt und über die Auflehnung der Überbleibsel seines Eigentums hinweggeht? Der nicht für immer an seinem Zorn festhält – denn ihn verlangt nach Gnade. Er wird sich uns zuwenden, er liebt uns, lässt unsere Verfehlungen unbeachtet. Und du wirst alle ihre Sünden in die Tiefen des Meeres werfen.

Wow, das ist die Macht Gottes! Die Kraft des Göttlichen zeigt sich darin, dass sie Mensch und Menschheit nicht auf ihr Versagen festlegt. Schon klar, das ist kaum zu glauben. Das kann ich weder beim Blick in den Spiegel glauben noch beim Blick in die Zeitung. Aber auch das liegt in der Kompetenz der Prophet*innen, sie können mir diese Hoffnung schenken. Eine Hoffnung, die selten meine eigene ist. Die Hoffnung, dass es nicht nur weitergeht, sondern immer wieder neu anfangen kann.

Macht also nichts?

Ist also alles halb so wild? Macht also nichts? Das wäre die billige Gnade, mit der Bonhoeffer immer wieder zitiert wird und gegen die er mit Recht so vehement eintritt. Einerseits hoffe ich trotzdem, dass an ihr etwas dran ist und dass Gott selbst am Leben derer festhält, die sich gegen das Leben stellen, wie Jona. Wenigstens hoffe ich es, mindestens für mich selbst.

Doch andererseits stellt das Michabuch der Zusage einer kostenfreien Begnadigung eine andere Ansage zur Seite. Denn die Michahoffnung wird gerade denjenigen zugesagt, denen das Versagen als Einzelne und Gemeinschaft bewusst geworden ist. Denen, die sich nach dem Leben sehnen, die dem Frieden nachjagen und aus tiefer Betroffenheit über das eigene Scheitern weinen. Nicht um meiner selbst willen, sondern weil mir bewusst wird, was ich anrichte. Micha hat es ziemlich deutlich gemacht und die Ansage lautet: Wem das Leben der anderen und der Friede aller relativ egal ist, die*der sollte eher nicht mit göttlichem Beistand rechnen.

Beides steht nebeneinander, der günstige Zuspruch und der wuchernde Anspruch. Gerade das macht mir diesen Gott so faszinierend, im wahrsten Sinne spannend. Gott ist die bedingungslose Zusage des Lebens und zugleich die herausfordernde Ansage ans Leben. Gott ist mir die ständige Frage, was ich mit dem Geschenk des Daseins anfange. Weil ich nicht allein darüber verfüge, sondern alles Leben das Leben gemeinsam zu bewältigen hat.

Wenn Micha die Macht reklamiert, dann tut das Buch es auf der verzweifelten Suche nach Leben und Frieden. Dann ruft es alle Macht und alle Mächtigen zusammen, das Leben zu fördern und dem Frieden nachzujagen. Sei die Macht noch so klein, die Herausforderung noch so groß. Doch auf der Suche nach Leben wissen wir diese göttliche Macht auf unserer Seite. Eine Macht, die in der Lage ist, die Gnade zu lieben. Mit ihr will ich unterwegs sein und tun, was in meiner Macht steht.

> **Micha 6,8:** Mensch, man hat dir erzählt, was gut ist und was *G*tt* von dir fordert: Nichts anderes, als Recht zu tun, Güte zu lieben und bescheiden bei deinem Gott mitzugehen.[29]

Nahum reklamiert den Zorn

Offen gesagt stand ich noch nie auf Horrorfilme oder allzu ausführliche Gewalt in Filmen und Serien. Daher habe ich mich zu Beginn mit der TV-Serie „Game of Thrones“ relativ schwergetan – da gehört die Gewalt schon zum Konzept. Sie macht allerdings gleichzeitig einen gewissen düsteren Reiz der Serie aus, denn man weiß zum Beispiel nie, wer als nächstes stirbt und auf welche Weise.

Warum ich das erzähle? Weil unser nächstes Prophetenbüchlein gar nicht so weit davon weg ist, das Drehbuch für eine Folge „Game of Thrones“ abzugeben, denn Nahum reklamiert den Zorn. Noch mehr als bisher gilt hier mindestens Altersfreigabe ab 16, wenn nicht sogar ab 18. Teilweise zumindest, doch mit genau diesen Teilen habe ich erhebliche Schwierigkeiten. Wir erreichen damit ein Problem, das die Prophetenbücher durchzieht und schon eine Weile in der Luft liegt: Warum widert mich Gott manchmal so an? Vielleicht ist es auch nicht Gott selbst, sondern das Gottesbild mancher biblischer Texte, am religiösen Ekel ändert das aber nur bedingt etwas.

Nun weiß ich nicht, ob du das Nahumbuch schon kennst. Falls nicht, folgt eine ernstgemeinte Triggerwarnung für das Lesen des Propheten und dieses Kapitels, denn manche Abschnitte können sensiblen Leser*innen sehr nahegehen. Besonders dann, wenn ihnen die darin verarbeiteten Erfahrungen von (sexualisierter) Gewalt nicht ganz fremd sind. Für dieses Kapitel versuche ich mich daher an einem Spagat: Ich will, kann und muss einerseits nicht verheimlichen, was im Nahumbuch zu finden ist, schließlich könnte man das alles selbst nachlesen. Andererseits will ich die wirklich schlimmen Stellen nicht abdrucken, daher werde ich sie umschreiben. Das ist natürlich Ausdruck dessen, dass ich selbst mit diesem Prophetenbuch ringe und wohl nicht viel mehr schaffe, als dich in mein Ringen mit hineinzunehmen. Manchmal ist es eben nicht die beste Lösung, alle Widersprüche auszumerzen und klare Antworten zu haben. Manchmal bleibt es beim Erschrecken und Entsetzen.

Nahum: „Getröstet"

Beginnen wir mit etwas leichterer Kost und einem Überblick. Schnell wird klar, dass es bei Nahum nicht um die Person geht, sondern um eine Schrift, die diesen Namen trägt. Wir erfahren über die Person nämlich wieder einmal praktisch nichts. Nur seinen Namen und seine Herkunft: Nahum aus Elkosch. Nahum bedeutet vom sprachlichen Ursprung wohl ungefähr „getröstet", was in Anbetracht des Inhalts auf den ersten Blick mehr als zynisch ist. Der Ort Elkosch ist bis heute unbekannt. Es gibt zwar ein paar Thesen über ihn, aber keine davon ist allgemein anerkannt.

Wenn man Nahum in die zwölf Propheten einordnen will, dann ist diese Schrift so etwas wie das Gegenteil zum Jonabuch. Beide beschäftigen sich mit Ninive, das im heutigen Mossul im Irak liegt. Während es bei Jona verschont bleibt, wird es bei Nahum mit Haut und Haaren gefressen. Die Geschichte gibt letzterem recht, denn Ninive wird im Jahr 612 vor unserer Zeit tatsächlich zerstört. Ob die Autor*innen des Nahumbuches diese Zerstörung beim Schreiben schon kennen oder sie ahnen, ist aber nicht ganz klar. Das Buch dürfte in seinen ersten Versionen jedenfalls ungefähr in diesem Zeitraum entstanden sein.

Der Großteil des Buches beschäftigt sich damit, den Untergang Ninives ausführlich zu beschreiben. Dabei taucht Gott relativ selten, dafür aber in verwirrender Widersprüchlichkeit auf (Nahum 1,2.3.7.9.11.12.14; 2,3.14; 3,5). Eine von diesen zehn Stellen ist der Ausgangspunkt für meine persönliche Entrüstung über das Buch Nahum. Wir gehen diese Schrift von hinten nach vorne an, denn das könnte helfen.

Am Ende die Schadenfreude

Wie das Jonabuch endet auch Nahum mit einer Frage, hier scheint sie allerdings rhetorischer Natur zu sein. Es wird in Richtung der Feindesstadt Ninive gesagt:

> **Nahum 3,19:** Es gibt keine Linderung für dein Gebrechen, unheilbar ist deine Wunde. Alle, die die Erzählung über dich hören, klatschen über dein Schicksal – denn über wen kam nicht ständig deine Bosheit?

Darin ist das Thema zusammengefasst, das Problem und die „Lösung“ sind in einem Vers miteinander vereint. Ninive war seit dem Jahr 701 die Hauptstadt des Assyrischen Reiches, das weite Teile des Nahen Ostens in seiner Gewalt hatte und dabei nicht gerade zimperlich zur Sache ging. Die eroberten Gebiete werden einigermaßen rücksichtslos ausgebeutet, um die eigenen Zentren im Osten zu versorgen. Das Reich bläht sich daher zwangsläufig immer weiter auf, um den Bedarf der Führungsriege im assyrischen Zuhause zu decken. Darunter leiden die eroberten Gebiete spürbar, sie bluten nach und nach aus und erleben quasi einen ständigen, drückenden Schmerz. Wenn es dir nichts ausmacht, klemm dir zur milden emotionalen Veranschaulichung für die nächsten Zeilen mal eine kräftige Wäscheklammer auf die Fingerkuppe ...

Das Assyrische Reich ist der Erzfeind dieser Zeit, auch für Israel, immerhin ist es für den Zerfall des Nordreiches verantwortlich. Zu den Eroberungen gehörte neben der Demütigung auch die Deportation der Eliten, diese Leute wurden ebenfalls in den eigenen Reihen gebraucht. Das trifft auf einem so engen Raum wie Palästina nicht irgendwen, sondern es verschwinden die eigenen Leute, Nachbar*innen, Familie. Das schmerzt! Historisch ist da manches unklar, aber klar ist: Das Assyrische Reich ist das Feindbild schlechthin. Sie sind es, von denen Israel ständig gedemütigt wird. Sie sind es, die dem Volk diese ständigen Schmerzen zufügen. Stell dir einmal vor, dich drangsaliert etwas oder jemand nicht nur ein paar Zeilen lang, sondern Jahrzehnte — und dann hört der Schmerz plötzlich auf. Was für eine Erleichterung und welche Erlösung, wenn der Schmerz endlich nachlässt!

Du kannst die Klammer übrigens wieder abnehmen und einmal diesem Gefühl der Erleichterung nachspüren. Sei es, weil du noch ein paar Restschmerzen im Finger hast oder weil du sogar Erfahrungen gemacht hast, die du in der Geschichte Israels wiederfindest, zumindest emotional. Dann speichere dir dieses Gefühl ab, es hilft wahrscheinlich, das Nahumbüchlein etwas besser zu verstehen. Denn der im Buch geschilderte Untergang Ninives ist genau dieses Ende der Schmerzen. Kein Wunder, dass solch ein Ende den Beifall der israelitischen

Autor*innen des Nahumbuches provoziert. Wenn man so will, ist das ganze Buch eine Beifallsbekundung und Erleichterung über das lang ersehnte Ende der Demütigung. Es ist ein drastischer Ausdruck von Befreiung. Man könnte es auch Schadenfreude nennen, aber das wäre noch zu wenig. Der Text tendiert doch eher in Richtung Missgunst, die den Feind*innen das Schlimmste wünscht. Bei Nahum entlädt sich eine tiefe Genugtuung darüber, dass die Jäger*innen zu Gejagten werden, dass die Demütiger*innen gedemütigt werden, dass die Zerstörer*innen zerstört werden.

Das ist mir nun alles andere als fremd. Klar, im Vergleich zum Leben in einer besetzten und ausgebeuteten Region ist mein Leben ein Ponyhof! Wirklich! Und im Vergleich zu denen, die auch heute die Zerstörung ihrer Heimat erleben müssen, wohne ich unvertrieben im Paradies. Dass „Ninive" (Erinnerung: Es ist das heutige Mossul) 2016/17 im Kampf gegen den sogenannten „Islamischen Staat" noch einmal zerstört wird, gibt dem Ganzen zusätzlich eine blutige Färbung. Das will ich auf gar keinen Fall vergessen beim Versuch, das Nahumbuch mit einiger Anstrengung in mein eigenes, weitgehend behütetes Leben reden zu lassen. Denn es ist viel näher dran am Leben derer, die traumatisiert sind, als an meinem fast reibungslosen Leben. Ich breche also das Nahumbuch radikal herunter von der tragischen und extremen Erfahrung traumatisierter Menschen, die sich im Buch spiegelt. Ich breche es herunter auf mein vergleichsweise ruhiges und geradezu gemütliches Leben und bewahre mir doch die Ahnung, welch ein Trost für die Traumatisierten bei Nahum verborgen liegt. Für sie ist Nahum geschrieben, nicht für mich.

Trotzdem ist mir nicht fremd, dass mich Menschen herausfordern, ich unter manchen Ereignissen leide und mich Dinge drangsalieren. Sei es die vermeintliche Dummheit der anderen, die in Bosheit mündet, sei es eine augenscheinliche Ungerechtigkeit oder die ständig wiederholte Abweisung. Kennst du das auch? Vielleicht unter dem Label „Mobbing“, vielleicht durch das Etikett „Querkopf“, „Außenseiterin“, „Störenfried“? Mir ist jedenfalls diese persönliche Selbstbeobachtung nicht fremd, dass ich mir manchmal nichts mehr wünsche, als dass es aufhören möge. Ich kenne diesen Wunsch, dass die Verantwortlichen zur Rechenschaft gezogen werden. Sogar noch ein wenig mehr, denn wenn ich ehrlich bin: Manchmal will ich sie leiden sehen.

Wenn ich das Nahumbuch durchblättere, begegnet mir genau dieser Wunsch: Die Feind*innen sollen leiden. Wenn dir dieser Gedanke nicht ganz fremd ist, dann kommen dir die Texte vielleicht etwas näher.

Zu Anfang der Gotteszorn

Machen wir einen Sprung im Buch. Gerade sind wir vom Ende ausgegangen und versuchen nun, das Buch als drastischen Ausdruck der Erleichterung zu verstehen. Meine Hoffnung ist, dass das bei den ziemlich gewaltsamen Stellen im Allgemeinen ganz gut klappen könnte. Die Brutalität der Situation spiegelt sich in der Brutalität der Sprache. Die Herausforderung dieser heiligen Texte ist aber leider nicht nur die Gewaltverherrlichung, wie man es wohl zweifelsohne nennen muss. Das noch größere Problem ist die Gewaltvergöttlichung! Denn gleich am Anfang des Buches lesen wir:

> **Nahum 1,2:** Ein eifersüchtiger und rächender Gott ist *G*tt*! Rächend ist *G*tt* und Meister des Zorns! Rächend ist *G*tt* gegen seine Gegner, grollend gegen seine Feinde!

Das ist im Kern die wesentliche Überzeugung des Nahumbuches: Gott selbst bringt die Vernichtung über Ninive! Ja, richtig, derselbe Gott, der Jona zwei Bücher vorher noch geradezu scheinheilig fragte:

> **Jona 4,11:** Sollte ich Ninive nicht verschonen, die große Stadt, in der es mehr als 120 000 Menschen gibt, die links und rechts nicht unterscheiden können, dazu eine Menge Tiere?

Was ist denn da los? Ist das noch derselbe Gott? Das eine Mal dargestellt als die Macht des Erbarmens, jetzt plötzlich als ungebändigte Kraft des Verderbens, auf wirklich drastische Weise. Man kennt es ja aus anderen Bibeltexten, in denen Gott gelegentlich recht „gewalttätig" rüberkommt. Für mich ist im Nahumbuch ein absoluter Tiefpunkt erreicht. Allerspätestens auf der Spitze des Eisbergs: Ninive wird metaphorisch als Frau dargestellt und Gott selbst kündigt ihr an, sie zu vergewaltigen (Nahum 3,5–6). Da bleibt mir alle Rede vom lieben Gott im Hals stecken.

Wir versuchen einerseits wieder, es einzuordnen in das „Wie du mir, so Gott dir!", von dem das ganze Buch geprägt ist. Natürlich enthalten diese Passagen eine Verarbeitung der eigenen Erfahrungen während der Eroberungen durch die Assyrer (die männliche Form ist hier wohl leider sachgemäß), eine Art sprachgewaltige Schreibtherapie. Trotzdem bleibt dieser unerträgliche Gedanke, dass Gott das alles nicht nur zulässt, sondern selbst ausführt.

Nun würde ich gerne die Lösung aus dem Hut zaubern und erklären, dass man es nur so und so verstehen muss, um die Unebenheiten zu glätten. Die Versuchung mag groß sein, den liebreizenden christlichen zweiten Teil unserer Bibel gegen solche Abschnitte aus dem vermeintlich düsteren ersten Teil auszuspielen. Aber kurz gesagt: Das funktioniert letztlich nicht! Probleme verlagern sich vielleicht, aber sie verschwinden nicht einfach. Es bleibt ja derselbe Gott!

Man könnte alternativ versuchen, in Gott selbst eine Lösung zu finden. Luther zum Beispiel hat von den zwei Seiten Gottes gesprochen. Da gibt es einerseits die gut sichtbare Seite, die sich in der Liebe zu erkennen gibt, wie Jesus Christus sie gelebt hat. Das ist es, was von Gott ans Licht kommt. Daneben gibt es für Luther aber auch die unbestreitbaren Schattenseiten, eine verborgene Seite Gottes. Luthers Lösung ist keine rational logische, sondern eine glaubenspraktische, die ungefähr so geht: Man sollte sich an den sichtbaren Gott klammern und dabei den verborgenen so gut es geht ertragen. Eine viel bessere Antwort kenne ich ehrlich gesagt nicht, wenn wir die Frage nach Gott bearbeiten wollen.

Wir könnten aber auch etwas anderes wollen, nämlich nicht nur die Frage nach Gott stellen, sondern vor allem die Frage nach dem Text und seiner Funktion. Interessanterweise hat dieses Problem wohl auch die Menschen umgetrieben, die das Nahumbuch überliefert haben. Denn schaut man an den Anfang, dann steigt das Buch mit einer großen Hymne auf das geduldige Erbarmen Gottes ein:

> **Nahum 1,3+7:** *G*tt* ist langsam im Zorn und groß an Kraft! […] Gut ist *G*tt* als Festung am Tag der Not – er nimmt die wahr, die zu ihm flüchten.

Vermutlich ist das ein Ergebnis der Entstehung des Textes von hinten nach vorne, so wäre zumindest die aktuelle Forschungsmeinung. In dieser Entwicklung zeigt sich demnach der Versuch, die gänzlich unzensierte emotionale Sprache des dritten

Kapitels etwas einzufangen, indem man das Erbarmen als Schlagseite Gottes den Schattenseiten voranstellte, nach dem Motto: „Hier kommt gleich richtig heftiges Zeug, aber denkt bitte dran: Gott ist zuerst Erbarmen!" Um dann zu sagen: „Aber das andere musste einfach mal raus!"

Im Text die Welterfahrung

„Das musste einfach mal raus!" Das ist mein Schlüssel für dieses Buch. Ich kann das Nahumbuch nicht als Eins-zu-eins-Beschreibung Gottes verstehen, es ist keine schriftliche Erklärung, wie Gott tatsächlich ist. Diese Texte sind Beschreibung dessen, wie Menschen sind und fühlen. Sie reden weniger über Gott als vielmehr über uns. Sie packen in Worte, was ich (vermutlich nicht genauso, aber doch ähnlich) manchmal denke und spüre: den Wunsch nach Rache, einen mehr oder weniger „heiligen" Zorn.

Unsere Zeit ist gar nicht schlecht darin, Dinge rauszulassen. „Hate-Speech", „Shitstorm" und dergleichen bezeichnen ein alltägliches Internetphänomen, bei dem Menschen damit konfrontiert werden, dass andere etwas rauslassen, nicht selten auf Nahumniveau. Das ist in keiner Weise legitim, denn solche beleidigende und vulgäre Sprache in den Kommentarspalten der sozialen Netze trifft immer echte Menschen, öffentlich und direkt. Dass aus bösen Worten böse Taten werden können, haben wir immer wieder erlebt. Mir graut davor, wie sehr Sprache unsere Gemeinschaft vergiften kann, wie sie den Boden für körperliche Gewalt bereitet und gemeinsame Hemmschwellen immer weiter abflacht. Nahum ist in Sachen Sprache nicht unschuldig und Leser*innen dieser trotz allem heiligen Schrift stehen damit in einer großen Verantwortung. Was tun? Doch lieber zensieren? Schwärzen? Mittels Blackout-Poetry zurechtstutzen?[30]

Nahum hört sich gelegentlich an wie eine Facebook-Kommentarspalte, ja. Und doch ist es etwas völlig anderes. Ich glaube sogar, dass dieser Unterschied das Buch bedeutsam werden lassen könnte. Denn Nahum gibt den manchmal düsteren Gefühlen in mir nicht nur eine Sprache, sondern auch einen Ort: Gott selbst. Das Nahumbuch entlässt die Abgründe meines Denkens in die Sphäre des Göttlichen. Es haut sie gerade nicht einem (oder mehreren) Menschen um die Ohren. Das Buch ist kein offener Brief an die Demütiger*innen, sondern vielmehr ein internes Schreiben der Gedemütigten. Das Nahumbuch packt all die menschlichen, allzu irdischen und sehr natürlichen Emotionen zusammen ... und legt sie ab. Dieses Gedicht der Gedemütigten legt die eigenen Gefühle „in den Mund Gottes“! Es legt sie dem Gott in den Mund, der gütig ist (Nahum 1,7)! In den Mund dessen, der trotz allem sagt:

> **Nahum 1,12:** Ich unterdrücke dich nicht länger.

Das Nahumbuch legt die Wünsche der Verwüsteten in Gottes Mund, lässt Gott gegen all die Räuber*innen auf Erden sagen:

> **Nahum 2,14:** Ich rotte dein Rauben
> auf der Erde aus.

Das Nahumbuch vermittelt mir diese Hoffnung, dass all das gedachte und gesagte Unheil bei Gott gut aufgehoben ist. Es behütet eine Sehnsucht, dass unser gewaltiges Reden und Denken nicht zum gewaltigen Handeln führt, wenn wir es Gott in den Mund legen. In der Erwartung, dass alles Böse und Gewaltige sich dort langsam auflöst wie ein zu scharfer Bonbon.

Denn ich glaube an diesen Gott in der biblischen Tradition beider Testamente als „gnädig, barmherzig, langmütig und von großer Güte“ (Jona 4,3). Es ist eine prophetische Hoffnung, dass der aus- und rausgelassene Zorn sich in der Begegnung mit dieser Macht des Erbarmens löst. Das löst natürlich nicht die Frage, warum Gott solches Leiden zulässt oder gar selbst bewirkt, das eigene Leiden genauso wie das der anderen.

Diese Frage wird uns gleich bei Habakuk noch einmal begegnen. Für den Moment versuchen wir, mit Nahum fertigzuwerden und diese Texte zu überstehen, die so voller Zorn und Gewalt sind, in denen sich so tiefe Abgründe menschlicher Wünsche ausdrücken, in denen ich manchmal auch etwas von meinen eigenen Abgründen entdecke. Das Buch lädt mich ein, meinen Zorn in den Mund Gottes zu legen. Denn so wird der Tod in das Leben getaucht, der Hass wird von der Liebe zerkaut, der Zorn durch das Erbarmen erstickt. Das löst nicht alle Fragen, aber es erlöst manchen Menschen. Wenigstens mich selbst und hoffentlich die, denen ich das Schlimmste wünsche.

Wie das konkret funktioniert? Ehrlich gesagt weiß ich es nicht. Vielleicht ist es nur ein gesprochenes, geschriebenes, gemaltes oder gesungenes Gebet, das sich die Sprache Nahums leiht. Vielleicht ist es das Gespräch mit Menschen, die mich verstehen oder es zumindest versuchen. Leihen wir uns für solche Momente die Sprache Nahums in der Hoffnung, dass beim geduldigen und gnädigen Gott unser eigener Zorn irgendwann zur Ruhe kommt.

Habakuk reklamiert das Leiden

Glaube an Gott hat eine Achillesferse: das Leiden. Zumindest wenn man glaubt, dass die entsprechende Gottheit erstens grundsätzlich gut ist und zweitens wenigstens in einem erheblichen Maße mächtig. Es muss noch nicht einmal die berüchtigte Allmacht sein, uns reicht die einfache Definition aus dem Michakapitel: Macht bedeutet, Ideen verwirklichen zu können. Die empfindliche Schwachstelle des Glaubens ist, dass jedes Leiden beide Annahmen in Widersprüche stürzt, die sich nie zu einer letzten Zufriedenheit lösen lassen. Entweder ist Gott nicht gut (genug) oder nicht mächtig (genug). Wäre die Gottheit gut und mächtig, wenigstens ein bisschen mehr als die Menschheit, dann dürfte es kein Leiden geben. Oder es sollte wenigstens weniger sein.

Die Schwierigkeit mit Gott und dem Leiden ist, dass wir zwar auf vernünftige Weise verstehen wollen, es im Grunde aber gar nicht mit einem rationalen Problem zu tun haben. Deshalb gibt es blöderweise auch keine rationale Antwort darauf. Eine solche kann es auch gar nicht geben, denn die Herausforderung ist letztlich nicht der logische Widerspruch. Den könnte man durchaus und recht leicht lösen: Man muss nur ein bisschen an den Prämissen schrauben, sich ein wenig von der Macht oder der Güte der Gottheit verabschieden, schon ist das Problem weg. Das wäre zwar schmerzhaft und ein bisschen häretisch, aber rational redlich. Schließlich scheint ohnehin mindestens eine der Voraussetzungen durch das Leben selbst widerlegt, weil ich sowohl Böses erlebe als auch einen ohnmächtigen oder wenigstens untätigen Gott. Davon spricht sogar die Bibel Bände, man denke nur an Hiob.

Was ist dann das Problem, wenn es gar nicht die Logik ist? Es ist das Leiden selbst. Denn auch wenn wir eine Antwort fänden, müssten wir das Leiden trotzdem leben und dabei zusehen, wie andere es erleben. Das ist das Thema Habakuks.

> **Habakuk 1,2–4:** „Wie lange, *G*tt*?", habe ich gefleht, aber du hörst nicht! Ich schreie zu dir: „Gewalt!", aber du hilfst nicht! Warum lässt du mich Unheil sehen und schaust dem Schicksal zu? Verwüstung und Gewalt sind bei mir, Streit und Zank kommen zum Tragen. Darum ist das Gesetz schlaff, das Recht setzt sich nie durch. Ungerechte umzingeln die Gerechten, deshalb wird das Recht verdreht.

Was für eine Verzweiflung über das unaufhörliche Leiden, was für ein Entsetzen über die ausbleibende Hilfe! Niemand tut etwas gegen das Unheil, das über alle hereinbricht. Selbst wenn jemand das Unrecht beseitigen wollte, ist das Monster im System so gefräßig, dass es alle verschlingt, die ihm zu nah kommen. Das Leben gleicht dem absurden Kampf gegen die Windmühlen. Alle Menschen sind vor dem Gesetz gleich...gültig, denn dieses Gesetz ist ohnmächtig. Es gilt nur noch das Recht der Stärkeren – eine Katastrophe für alle Schwächeren! Aus den Schreien des Propheten klingt die schockierte Sorge über die Untaten der Menschheit. Und über die unfassbare Untätigkeit Gottes.

Ich leide mit, denn irgendwie spiegeln sich darin die Herausforderungen unserer Zeit. Gemeinsam verzweifeln Menschen über eine aus den Fugen geratene Welt und manche von ihnen schauern entsetzlich davor, dass keine Hilfe in Sicht ist. Das Klima wandelt sich, aber die Guten scheinen nicht mächtig genug. Die Stimmung kippt, doch die Mächtigen scheinen nicht gut genug. Es wäre so leicht, einfach den Kopf in den Sand zu stecken. Aber die Propheten hören noch nicht auf zu rufen.

Habakuk: ???

Diesmal ruft Habakuk und mittlerweile ist es ein „running gag“: Über die Gestalt des Propheten wissen wir nichts, nur den Namen. Selbst von ihm weiß man nicht, was er bedeutet und nicht einmal, aus welcher Sprache er überhaupt stammt. In der griechischen Version des Danielbuches, die teilweise gar nicht zur evangelischen Version der Bibel gehört, taucht ein Habakuk auf, was aber auch nicht weiterhilft. Wer auch immer er ist, welche Geschichte sein Name auch immer erzählt: Er ruft.

Prophet*innen rufen aus dem Leiden heraus ins Leiden hinein. Dem Buch Habakuk geht es allerdings nicht um Leiden jeglicher Art, sondern um ein Leiden an unserem Tun und Lassen. Der Prophet hat nichts über natürliche Übel zu sagen, etwa darüber, warum Menschen krank werden oder Naturkatastrophen ganze Landstriche zerstören. Ihn beschäftigt auch nicht die noch grundsätzlichere Frage, warum die Welt überhaupt so unperfekt ist, wie sie ist. Habakuk hat ein Leiden im Blick, für das Menschen in ihrem Handeln verantwortlich sind. Zugegeben: Manche Krankheit lässt sich vielleicht vermeiden und über die Umweltfolgen unseres Verhaltens besteht ein breiter Konsens. Aber der Prophet hat etwas anderes im Sinn, nämlich das, was Menschen einander antun. Habakuk reklamiert das Leiden, das Menschen einander zufügen, weil Gewalt sich über das Recht gestellt hat.

Als wäre es nicht schlimm genug, dass es so ist, schallt mitten hinein auch noch die Anklage gegen eine untätige Gottheit:

> **Habakuk 1,2:** [...] aber du hilfst nicht?

Die göttliche Antwort wird uns ins Chaos stürzen. Sie ist leider nicht leicht zu deuten, aber so viel ist sicher: Sie geht auf das Leiden gar nicht ein, vielmehr scheint sie es noch zu vergrößern. Denn als Gott sich endlich einmal zum Handeln bequemen lässt, passiert das hier:

> **Habakuk 1,6:** Denn seht, ich lasse die Chaldäer*innen aufstehen, ein grausames und ungestümes Volk, das die Weite des Landes durchzieht, um Grundstücke in Besitz zu nehmen, die nicht ihm gehören.

Habakuk ist überzeugt: Gott lässt die Chaldäer*innen (das Neubabylonische Reich) auf die Welt los. Das passierte unter anderem durch die Eroberung Ninives im Jahr 612. Und Gott lässt sie auch auf Juda los. Das passierte ungefähr im Jahr 587/86 und führte zum babylonischen Exil.

Aber Moment – sieht so die Hilfe Gottes aus? Drückt Gott das Mitleid durch noch mehr Leid aus? Du meine Güte, was für ein Chaos! Dem Leiden hier wird Leiden dort hinzugefügt, Gott selbst macht mit. Die Untaten Judas werden vom hilflosen Schweigen Gottes kommentiert und mit den Untaten Babylons beantwortet. Gewalt scheint schon immer das eigentliche Gesetz der Welt gewesen zu sein. Was für ein trauriges Abbild der

Menschheitsgeschichte. Und Gott will nicht helfen? Offenbar nicht, denn Gott spielt das Spiel einfach gnadenlos mit, fährt Gewalt von außen gegen die Gewalt im Innern auf.

Die Widersprüchlichkeit des Lebens

So geschieht es zumindest auf der Ebene der Erzählung. Was Gott in der Geschichte tatsächlich tut und lässt, kann natürlich niemand einfach wissen. Es gibt kein himmlisches Bekennerschreiben, auch die Bibel ist kein solches. Und doch hat sie recht, nur ganz anders. Wieder kommt ein Motiv ins Spiel, das für die biblischen Dokumente wichtig ist. Denn sie versuchen, die Geschichte zu verstehen. Ihre Autor*innen wollen ihr eigenes Schicksal deuten und zwar von Gott her. Wir haben schon gesehen: Je übler das Leben mitspielt, in umso dunkleren Farben „erstrahlt" das Bild von Gott. Die Bibel hat also insofern recht, als sie echte Gefühle einfängt. Weil Gott sich manchmal wirklich genau so anfühlt.

Aber: In den eigenen Erfahrungen das Göttliche zu erkennen, ist beileibe nicht einfach, auch zu biblischen Zeiten nicht. Es ist ein Wagnis. Klar, wenn alles schön und wohlgeordnet ist, dann ist es kein Problem. Aber die Propheten nehmen uns völlig ungeschönt mit hinein ins Chaotische. Sie muten mir zu, nicht nur das Schöne von Gott zu erwarten, sondern das Göttliche auch mit den hässlichen Seiten des Lebens zu konfrontieren oder gar dahinter zu vermuten. Nicht weil Gott tatsächlich so ist, sondern weil das Leben so ist.

In Gott spiegelt sich, wie das Leben ist, weil es nicht immer nur schön und gut ist, sondern in der Regel ein großes Durcheinander. Es passiert Merkwürdiges, uns geschieht Erschreckendes, ich erlebe Beängstigendes. All das ereignet sich mitten in einer Welt, die doch zugleich und von Beginn an für „sehr gut" befunden wird (Genesis 1,31). Übelkeiten tragen sich in einer Welt zu, die voller Schönheit und Erfreulichkeiten ist. Das ist eine verstörende Beobachtung, die ich über die Jahrhunderte hinweg mit der Bibel teile: Ich finde Welt manchmal sehr gut und manchmal sehr beschissen. Das Leben ist widersprüchlich und unerträglich vieldeutig. Manchmal wirkt es so wohlgeordnet und im nächsten Moment wieder so unfassbar chaotisch. In meiner kleinen Welt geht es nicht anders zu, ich könnte das Leben morgens begeistert umarmen und am Mittag schon ekelt mich an, was es alles zustande bringt. Welch Paradoxie des Lebens!

Wie viel unerträglicher ist die Paradoxie des Göttlichen: Der gute Gott richtet das Leben mächtig zugrunde. Widersprüchlicher geht es nicht. Wenn ich als glaubender Mensch darüber nachdenke, dann beneide ich manchmal Menschen, deren Götterhimmel mehr Personal zu bieten hat. Auch so lässt sich das nämlich relativ einfach lösen: Unterschiedliche Götter haben unterschiedliche Zuständigkeiten, Launen und Interessen. Sie streiten schon mal miteinander und dann ist klar, dass es knarzt im Gebälk. Die eine Göttin will mir gut, der andere Gott gerade nicht. Nun ringen die Propheten aber mit der Idee, dass da nur ein Gott ist. Nur eine einzige Macht, die unsere Geschichte lenkt. Nur diese eine Kraft, die meine Welt am Laufen hält. Leider führt das zu schwerwiegenden Problemen, denn wie lässt sich all das Durcheinander auf nur einen Ursprung zurückführen? Bei Zefanja kommen wir darauf noch einmal zurück. Habakuk hat vorerst diese Idee:

> **Habakuk 1,12:** Bist du, *G*tt*, nicht seit Urzeiten mein heiliger Gott? Wir sterben nicht! *G*tt*, nur zum Gericht hast du sie (die Chaldäer*innen) benutzt – oh Fels! – sie als Erziehung festgelegt.

Gericht und Erziehung sind die wahrscheinlich unangenehmsten Antworten der Religion auf die Frage nach dem Leiden. Strafe und Züchtigung (Luther) ... oder einfacher gesagt: Womöglich sind wir selbst schuld!?

Geht's noch? So würde ich zumindest meinem Gerechtigkeitsempfinden nach gerne fragen. Gut, für Verhältnismäßigkeit scheint Gott nicht allzu empfänglich zu sein, wenn man an die Sache mit der Arche denkt. Trotzdem, von Gott würde ich mir schon moralische Mindeststandards erhoffen. Welche Schuld könnte eine solch drastische Kollektivstrafe wie das Exil rechtfertigen? Genau: keine.

Doch gerade darin spiegelt sich eine zutiefst tragische Realität. Viele Opfer von Gewalt werden nicht nur vom Schicksal geplagt, sondern dazu auch noch von Schuldgefühlen. Auf der Suche nach Erklärungen für das Unerklärliche helfen sich Menschen mit genau dieser Frage: Sind wir vielleicht selbst schuld?! Es spielt dabei gar keine Rolle, ob es tatsächlich so ist oder nicht. Das Gefühl ist da, das Schuldgefühl ist real, selbst wenn die Schuld es nicht ist.

Wer das aus begleitender oder gar eigener Erfahrung kennt, bekommt mit solchen biblischen Texten zwar keine Lösung, hört aber eine vertraute Stimme. Hier ist in Worten festgehalten, was Menschen erleben, nämlich dass sich etwas nach Schuld anfühlt. Selbst wenn da tatsächlich gar keine eigene Schuld ist. Noch einmal und immer wieder: Hier werden nicht göttliche Tatsachenentscheidungen berichtet, sondern allzu menschliche Gefühle ausgesprochen. Sie werden ans (göttliche) Licht gelassen und treiben dadurch nicht mehr nur ein heimliches Unwesen im Dunkeln.

Es gehört leider zu den fürchterlichen Schattenseiten der Religion, dass sie diese Gefühle immer wieder missbraucht. Umso wichtiger ist es, die Bibel verantwortlich zu lesen. „Da steht es doch so!“, ist nicht verantwortlich. Ich will die Bibel nicht als Formelbuch göttlicher Prinzipien missverstehen und sie damit missbrauchen, sondern in ihr eine Schatzkiste voller vielfältiger und widersprüchlicher menschlicher Erfahrungen entdecken. Denn in ihren Texten kämpfen Menschen mit dem Leben und den widerstreitenden Gefühlen, die ihren Glauben prägen, zerrissen zwischen Gerechtigkeit und Gnade, geschüttelt vom Richten und Retten, verwirrt durch göttliches Entsetzen und himmlisches Erbarmen. Menschen ringen um Worte, sie kämpfen für ihre Ideen und versuchen verzweifelt zusammenzuhalten, was kaum zusammenzuhalten ist. Im Gott der Bibel spiegelt sich das ganze Leben.

Die Logik des Lebens

Habakuk hebt diese Erfahrung auf, dass Menschen Schuld fühlen und Strafe entdecken, wo eigentlich keine ist. Er transportiert allerdings noch eine andere, geradezu umgekehrte Erfahrung: Es gibt Schuld, auch ohne dass ich sie fühle. Diesen Gedanken lasse ich natürlich längst nicht so leicht an mich heran, und doch umgibt er mich ständig. In einer so weitverzweigten Welt wie der unseren ist ein Leben mit weißer Weste praktisch unmöglich. Irgendwann bezahlt irgendwo sicher irgendwer für meine Schnäppchen. Daher führt Habakuk mich durch die Zeit hindurch zu einer sehr wichtigen Einsicht: Mein Tun und Lassen hat Konsequenzen. Wenn mich das auf gesunde Weise erwischt, kann es zu einer heilsamen Erkenntnis werden. Es kann mich zu einer Selbsterkenntnis führen, die mich dazu herausfordert, die Konsequenzen meiner Handlungen einmal für einen Moment emotional nachzuvollziehen und eine Schuld zu spüren, die tatsächlich da ist, auch wenn sie mir nicht vor Augen ist. Das ist eine Gratwanderung und sicher auch ein Wagnis, aber wir sollten uns zumuten, wenigstens etwas von dem zu spüren, was sich in jedem Leben ansammelt.

Mit dem zweiten Kapitel nehmen wir dazu eine neue Perspektive ein. Der Blick richtet sich nun von Juda auf die Babylonier*innen. Wieder mit der gleichen Idee, die auch Juda schon traf: Wie du tust und lässt, Babylon, so wird es dir selbst ergehen. Aber diesmal geht es nicht um gefühlte, sondern um echte Schuld.

> **Habakuk 2,6–8:** Man wird sagen: „Weh dem, der seinen Besitz vermehrt mit etwas, das ihm nicht gehört – wie lange geht das gut? – und seine Taschen füllt mit den Schulden anderer! Werden nicht urplötzlich die auftreten, die *deine* Schulden einfordern, und die aufwachen, die *dich* durchschütteln? Du wirst ihnen zur Beute! Weil du selbst viele Nationen beraubt hast, berauben dich alle übrigen Völker – wegen der Bluttat am Menschen, wegen der Gewalttat am Land, an der Stadt und an allen, die darin wohnen.

> **Habakuk 2,15–17:** Weh dem, der andere zum Trinken einlädt und sie – gemischt mit deinem Zorn! – betrunken macht, um sie nackt zu sehen! An Schande hast du dich gesättigt statt an Ehre. Trink du selbst und mach dich nackt! Über dir wird der Becher aus der rechten Hand *G*ttes* ausgeschüttet und Schande über deine Ehre! Denn die Gewalt gegen den Libanon wird dich erdrücken

> und die Ausrottung der Tiere wird dich zerbrechen – wegen der Bluttat am Menschen, wegen der Gewalttat am Land, an der Stadt und an allen, die darin wohnen.

Dies sind zwei Beispiele von den insgesamt fünf Anklagen in diesem Kapitel, das fast wie eine alternative Liste von Todsünden klingt. Da geht es um Hab- und Machtgier, Veruntreuung, Demütigung und in all dem um die Vergötterung der eigenen Leistung. Was für eine verkehrte Idee vom Leben! Hier kann man die düstere Skizze eines Teufelskreises vom Tun und Ergehen betrachten und die schmerzende Beobachtung machen, dass auf das eine Leid das nächste folgt und Gewalt letztlich nur Gewalt produziert. Doch das Lied der Gedemütigten spielt einen anderen, eigenartigen Schlussakkord:

> **Habakuk 2,20:** Aber *G*tt* ist im Tempel seiner Heiligkeit – vor ihm sei das ganze Land still!

Vielleicht steigen wir ja eines Tages aus und sind einfach mal still. Hören auf das Knacken im Weltgetriebe. Lauschen dem rauschenden Blutvergießen. Horchen auf das Weinen der Leidenden.

Und dann? Dann lassen wir uns vom heiligen Gegenteil inspirieren! Beginnen wir doch zu träumen, dass die Habgier sich in etwas verwandelt, von dem alle etwas haben! Fantasieren wir, dass die Machtgier durch den Einsatz für die Ohnmächtigen ersetzt wird! Hegen wir die Vision, dass die Veruntreuung einem Vertrauen in die Gemeinschaft weicht! Pflegen wir die Hoffnung, dass die Demütigung in einen neuen Respekt vor den Unterdrückten verzaubert wird! Wagen wir die Sehnsucht, dass aus der Selbstvergötterung eine neue Bescheidenheit wird!

Vielleicht können wir das (erst) hören, wenn die Welt stillsteht. Womöglich kommt sie sogar erst zur Ruhe, wenn wir anfangen zu hören.

Mir ist das Büchlein Habakuk der Versuch eines Weckrufes: Welt, merkst du noch, wie sehr du an dir selbst leidest und wie es deinem Tun ergeht? Menschheit, wann willst du aus dem Teufelsrad der gegenseitigen Lebenszerstörung aussteigen? Liebe alle, wann fangen wir endlich an, das Leben aller anderen über alle anderen Interessen zu stellen? Damit das Leiden endlich aufhört!

Habakuk 1,2: [...] aber du hilfst nicht?

Von Beginn an ist dabei die Frage nach und eine Frage an Gott gestellt. Sie bedeutet mir viel, weil ich mit dem Weltleiden völlig überfordert bin. Deshalb suche ich so dringend nach Gott und finde bei Habakuk eine leise Ahnung des Göttlichen. Sie klingt in der Stille, ist vielleicht sogar das Schweigen selbst – damit ich endlich hinhören kann. Damit ich das lauthals schweigende Leiden der Vielen zu fühlen beginne. Wenn es still wird (vielleicht buchstäblich), kann ich Gott im heiligen Tempel hören. Als Knacken im Getriebe. Als Rauschen des Blutvergießens. Als Weinen der Leidenden. Vielleicht reichen dafür ein paar Minuten am Tag, morgens in aller Stille beim Blick in die Zeitung oder abends in aller Ruhe bei der Rückschau des Tages.

Die Macht des Lebens

Aus dem letzten Kapitel leihen wir uns nur noch einen einzelnen Gedanken: In dieser leisen Ahnung macht sich etwas vom Geheimnis des Lebens selbst bemerkbar. Wo mir das passiert, wird jedes Wort zum Gebet. Das dritte Kapitel ist ein Psalm, der Gott – und in Gott das ganze Leben – in aller widersprüchlichen Macht besingt. Vielleicht ist es bloße Verlegenheit nach dem Motto: Worüber man nicht reden kann, davon kann man wenigstens noch singen, darüber kann man immerhin noch beten. Der Psalm gibt mir Worte für das Unaussprechliche. Er leiht mir Sätze und Gedanken für das, was ich selbst nicht sagen und denken kann und was ich doch spüre: Etwas ist da dran. Mir kommt hier ein Hauch von diesem Geheimnis entgegen, dem ich mich im Leben und im Sterben ausgeliefert weiß. Ich leihe mir die Worte Habakuks und singe betend selbst (nach Habakuk 3,1–4):

Ich habe dich gehört, Gott
Ich habe dich gesehen, Gott
Mach uns lebendig, bald
Lass uns hören, bald
Wenn es sich anfühlt wie Zorn
Zeig' mir dein Erbarmen

Ich schreie zum Himmel, da bist du
Ich singe zum Leben, das bist du
Wo du bist, ist Licht
Wo du hilfst, ist Wärme

Warum kann ich dich nicht sehen?

Ich spüre eine Brise vom Mysterium des Daseins, dem ich mich nicht entziehen kann und dem ich mich (irgendwie) selbst ausliefere und dem ich (irgendwie) sogar vertraue. Auf solch ausgeliefertes Vertrauen ins Leben läuft es hinaus, denn die letzten Verse des Buches Habakuk lauten:

> **Habakuk 3,18–19:** Ich, ich will jubeln durch *G*tt*,
> will jauchzen durch den Gott meiner Befreiung.
> *G*tt*, die Macht über mir, ist meine Kraft [...]

Hoffnung auf den Gott des chaotischen Lebens; auf die Freude nach dem Unheil; auf die Kraft zur Stille. Das ist die Kraft, die das Leiden hörbar macht. Das Schreien des Propheten mahnt mich zur Ruhe, damit ich das Weinen höre und die Macht des Leidens spüre. Das ist keine geringere und keine andere als die geheimnisvolle Macht, die dieses chaotische Leben ins Leben geflüstert hat. Das gibt mir Hoffnung, dass Tun und Ergehen nicht nur Leiden hervorbringen. Wenn Gott so ist, wie ich ahne, dann bleibt auch ein Tun nicht folgenlos, das Leiden beendet und Leben bewahrt.

Zefanja reklamiert das Wort

Es gibt Worte in unserer Sprache, die leider nur noch selten auftauchen. Trotz all ihrer Schönheit sind sie mit der Zeit fast in Vergessenheit geraten. Wer redet noch von Mumpitz oder Menetekeln? Kaum jemand frohlockt noch alltäglich oder schwadroniert über Torheiten. Potzblitz und Brimborium, Kauderwelsch und Müßiggang – heutigentags sind solch sprachliche Kinkerlitzchen kaum noch anzutreffen. Trotzdem kann man noch spüren, was diese sogenannten Archaismen[31] (vom griechischen Wort für „alt") mitbringen und bedeuten. Worte bergen Erfahrung und Bedeutung, und manche von ihnen verbergen in sich etwas, das sonst unaussprechlich bliebe.

Zefanja: „JHWH hat verborgen/geborgen"

In diesem Kapitel begegnen wir solcher Verborgenheit, die Zefanja schon in seinem Namen trägt. Denn Gott hat etwas zu verbergen, in doppeltem Sinne: Gott ist ein Geheimnis und bleibt uns daher einerseits immer irgendwie verborgen. Das drängt sich bei der Lektüre der kurzen Prophetenbücher auf. Da gibt es diese Texte, die Gott mehr verstellen als erhellen, mehr verstecken als offenbaren. Andererseits ist Gott etwas, in dem ich selbst mich berge, wenn nötig verberge, weil ich darin geborgen bin. Das ist zugleich die Mitte des Zefanjabuches:

> **Zefanja 2,3:** Vielleicht werdet ihr verborgen/ geborgen am Tag des Zornes *G*ttes*.

Mir gefällt dieses „vielleicht" unglaublich gut, weil es die Spannung zwischen Verborgenheit und Geborgenheit einfängt. Beides gehört unbedingt zu Gott. Uns wird der widersprüchliche Gedanke durch das Kapitel leiten, dass in Gott etwas verborgen ist, worin ich trotzdem geborgen bin.

Die konkreten Inhalte und Themen des Buches treten dahinter etwas zurück. Das können wir uns deshalb erlauben, weil wir es mit einer Art Zusammenfassung der Prophetie zu tun haben. Es wird die gesamte prophetische Palette genutzt, oder wie ich es nennen will: ein prophetisches Koordinatensystem. Die Prophetenbücher wandern immer auf der einen Achse zwischen Unheil und Heil, sie kündigen harte Konsequenzen an oder machen Hoffnung auf ein gutes Neues. Bei Zefanja klingen die Extreme in etwa so:

> **Zefanja 1,17:** Ich werde die Menschheit bedrängen, dass sie wie blind umherlaufen, weil sie sich an *G*tt* vergangen haben. Ihr Blut wird verschüttet wie Staub, ihre Eingeweide wie Scheiße.

> **Zefanja 3,15:** *G*tt* hat die Urteile über dich widerrufen, dich von deinen Feinden befreit. Ein König von Israel ist *G*tt* in deiner Mitte – du wirst nichts Böses mehr sehen!

Auf der anderen Achse wandern die Propheten zwischen „wir" und „die anderen", sie nehmen entweder die eigenen Leute in den Blick oder schauen auf die Völker ringsumher.

> **Zefanja 1,4:** Ich strecke meine Hand gegen Juda aus und gegen alle, die in Jerusalem wohnen.

> **Zefanja 3,9:** Dann werde ich den Nationen die Lippen sauber verwandeln, dass sie alle den Namen *G*ttes* ausrufen, um im Schulterschluss für Gott zu arbeiten.

Das alles ist natürlich mal mehr und mal weniger eindeutig, aber bei Zefania finden wir es auf kleinstem Raum vereint. Da gibt es Unheil für alle ebenso wie für „uns" (Juda). Das Heil wird für „uns" (Juda) verkündet und ein bisschen auch für die anderen. Inhaltlich begegnet uns vieles von dem, was uns bisher schon beschäftigt hat: gegen die Götzen, gegen Gewalt, gegen Reichtum, gegen Überheblichkeit; für Gerechtigkeit, für Rettung, für Neuanfang, für Veränderung. Wir fragen also diesmal nicht so sehr nach den konkreten Inhalten, sondern überlegen noch einmal weiter, wie diese so widersprüchlichen Worte aus den Prophetenbüchern funktionieren könnten ... und warum die Widersprüche so wichtig sind.

Der königliche Reformator

Werfen wir noch einen Blick in die Zeit Zefanjas. Das ist für unser Vorhaben nicht ganz uninteressant, denn das Buch wird in die Zeit von Josia datiert. Dieser König ist schon deshalb besonders, weil er mit nur acht Jahren den Thron bestiegen haben soll. Er regierte anschließend ungefähr in den Jahren 640–609 vor unserer Zeit.

Interessanter ist aber, dass er für eine religionsgeschichtsträchtige Aktion bekannt wurde: Im Jahr 622 soll er nach biblischer Erzählung (2. Könige 23) die Götterverehrung neu geordnet haben und wurde dadurch quasi zu einer Art jüdischem Reformator. Sein Anliegen war, die JHWH-Religion in Jerusalem zu sammeln und zentral zu verwalten. Bis dahin gab es auch andernorts Heiligtümer für den judäischen und andere Götter. Abgesehen von den politischen Interessen dürfte das Ziel dieser Reformation letztlich gewesen sein, dass nur noch dieser eine Gott in Juda verehrt wird, auch wenn es natürlich weiterhin andere gab. Man nennt das Monolatrie, „Einzigverehrung".

Das klingt zunächst einmal komisch, wenn man die Texte mit einer bestimmten Brille liest, und zwar in der unangefochtenen Annahme, dass es nur einen Gott gibt und alle anderen bloße Erfindung sind. Das nennt man dann Monotheismus, „Ein-Gott-Glaube". Lange Zeit ging ich selbst beim Bibellesen davon aus, dass auch Israel natürlich seit jeher nur einen Gott hatte, diesen JHWH. Das ist schließlich auch die Wurzel meines christlichen Glaubens. Ein Gott für alle und alles, zuständig für Himmel und Erde, vom Anfang bis zum Ende. Diese Perspektive dominiert die Texte durchaus, aber sie ist nicht unangefochten, sondern stellt den Versuch dar, genau diesen Gedanken (nachträglich) prominent zu machen. Denn die biblischen Erzählungen machen gar keinen Hehl daraus, dass sich der Ein-Gott-Glaube erst nach und nach entwickelt hat. Wie genau das geschah, das ist kompliziert, und auch die Aktion von Josia hat mit erheblichen historischen Unsicherheiten zu kämpfen. Es scheint eher eine Legende zu sein, um den Monotheismus nachträglich zu legitimieren. Trotzdem gehört die Erzählung von Josias Reformen in diese Entwicklung hinein. Schon allein die Tatsache, dass davon erzählt wird, hält die aufkommende (und dann irgendwann fixe) Idee fest, dass nur ein einziger Gott für alles zuständig ist, was da kreucht und fleucht. Dazu gehört zum Beispiel die biblische Vorstellung von Schöpfung: ein einziger Ursprung für alles, was da ist. Schon bei Habakuk klang an, welche Schwierigkeiten das mit sich bringt. Mit Zefanja versuchen wir, dem noch einmal auf etwas andere Weise auf die Spur zu kommen und stürzen uns noch tiefer ins Problem. Natürlich wieder nicht als die alles erklärende Antwort – so etwas gibt es nicht, wenn wir von Gott reden – sondern als ein weiteres kleines Utensil im biblischen Werkzeugkasten.

Gott und das Gericht

Das Thema des Zefanjabuches ist (wieder einmal) der Tag G*ttes, die große Abrechnung am Ende der Zeit. In einer großen Schublade der Traditionen läge dieser Tag nah an der Vorstellung vom „Jüngsten Gericht". Vermutlich hast du sofort Schlagworte im Kopf, wenn du an diese Tradition denkst. In meinem Kopf entsteht schnell die Szene einer Gerichtsverhandlung samt Richter*in, die sich sehr genau überlegt, wer an etwas die Schuld trägt und wer nicht, um möglichst sorgfältig und gewissenhaft zu entscheiden. Das kommt natürlich nicht von ungefähr. Es hat damit zu tun, dass ich seit jeher in einem Rechtsstaat lebe, was sich selbstverständlich auf meine Vorstellung von einer göttlichen Gerichtsverhandlung überträgt. Dort wird dann wohl ebenso abgewogen, ausgewählt, sorgfältig geprüft und am Ende möglichst gerecht geurteilt, je nach Vergehen. Wäre ja schlimm, wenn nicht, oder? Nun beginnt das Zefanjabuch aber folgendermaßen:

Zefanja 1,2: „Raffen! Ich raffe alles von der Erdoberfläche!“ Ein Spruch *G*ttes*.

Hier begegnet uns eine etwas andere Vorstellung vom göttlichen Gericht. Da wird nicht ausgewählt, nicht sorgfältig geprüft und am Ende, je nach Vergehen, möglichst gerecht geurteilt. Hier trifft es einfach unterschiedslos alle. Das Urteil – und damit auch dessen unheilvolle Konsequenzen – trifft die ganze Erde.

Da muss ich gleich wieder tief durchatmen. Ist das diese Gerechtigkeit Gottes, von der alle reden? Ist Gott so? Ist es wirklich vorstellbar, dass Gott auf diese abscheulich ungerechte Weise handelt? Solche Fragen drängen sich auf, finde ich. Wir kommen mit ihnen aber wieder in einen Gedankenkreis, der den Texten gar nicht angemessen ist. Wir haben uns von vornherein bei den Propheten auf eine ganz andere Art zu lesen eingelassen. Wir tun nicht so, als wären diese Texte ungefilterte Offenbarung göttlicher Wirklichkeit. Wir glauben erst einmal nicht, dass alles, was dasteht, ganz genau so auf Gott zutrifft. Wir nehmen nicht an, dass wir es mit einer exakten Vermessung des Himmels zu tun haben. Daher lese ich diese Texte anders, und zwar als das, was sie ursprünglich sind: Dokumente voller menschlicher Lebens- und Leidenserfahrung. Sie sind Urkunden des verzweifelten Fragens nach Gott. Sie sind Zeugnisse von dem, was Menschen erlebt haben und wie sie versuchen, damit zurechtzukommen. Wie gesagt, die Texte reden nicht zuerst über Gott, sie sprechen über die Menschen. Und über ihre Erfahrungen.

Darin dokumentieren sie aber zugleich auch ihre ganz eigenen Ideen von Gott, denn sie reden davon, wie sie Gott erleben. Unter dieser Perspektive wird so eine merkwürdige Aussage über den totalen Vernichtungswillen Gottes vielleicht etwas verständlicher, weil es tatsächlich genau das ist, was die Menschen erlebt haben! Ihre ganze bekannte Welt bricht in sich zusammen. Weltreiche zerfallen, Metropolen gehen unter und vor allem verschwindet das geliebte eigene Land. Das eigene Volk versinkt in der Bedeutungslosigkeit, die verehrte Hauptstadt wird zerstört. Die entscheidende Erfahrung für unseren Text ist, dass die Katastrophe nicht nur die Verantwortlichen trifft, sondern schlicht und herzergreifend alle.

Das verdammte Kollektiv

Machen wir einen Zeitsprung: Über zweieinhalb Jahrtausende später erleben wir das ganz genauso, behaupte ich. Denn die Folgen des Klimawandels werden auch die zu spüren bekommen, die freitags auf den Straßen waren, auf mancherlei verzichtet und versucht haben, ihren ökologischen Fußabdruck so klein wie möglich zu halten. Eine Pandemie macht nicht vor denen Halt, die sie beschwichtigend kleinreden oder bloß mit ein paar Gebeten bezwingen wollen. Den Milliardenschaden aus den zwielichtigen Finanzgeschäften einiger weniger, den tragen nicht nur die, die ihn verursacht haben (wenn überhaupt), sondern am Ende die Allgemeinheit. Die Liste ließe sich erweitern, aber es dürfte deutlich genug sein: Menschen leiden unter dem Unheil, das andere für alle angerichtet haben.

Der Tag G*ttes erscheint wie eine Kollektivstrafe. Das göttliche Gericht geschieht hier fast wie eine Naturkatastrophe: Es trifft unterschiedslos alle, fragt nicht danach, wer schuld ist. In alledem ist und bleibt Gott ein Geheimnis, wenn das Zefanjabuch davon redet, dass das Unheil über alle kommt, nicht nur über die Verantwortlichen. Ich glaube, genau diese Erfahrung steckt hinter dem biblischen Gedanken von der ungebändigten Zerstörungswut des Göttlichen.

Oder vorsichtiger: Ich finde diese meine Erfahrung in den Zefanjatexten wieder. Manchmal leiden alle unter dem Unheil, das Einzelne anrichten. Und das macht etwas mit mir, bereitet mir Kopfschmerzen, weil es einfach keinen Sinn ergibt. Mir begegnet darin die abgründige Sinnlosigkeit des Lebens. Denn es gibt keinen emotional nachvollziehbaren Grund dafür, dass Unheil auch Menschen trifft, die es nicht verursacht haben. Jede Erklärung wird zum Hohn, wo liebe Leute leiden, die es beim besten Willen nicht verdient haben. Hast du Gesichter vor Augen und fühlst die Schmerzen des Kopfzerbrechens? Vielleicht spürst du auch dieses Gefühl, das mich in meinen einfühlsamen Momenten überkommt: „Da stimmt etwas nicht! Das kann, darf und soll um Himmels willen nicht sein!“ Das Leben ist manchmal eine zum Himmel schreiende Ungerechtigkeit.

Gerade hier kommt mir hin und wieder Gott ins Spiel. Nicht als Antwort aus dem Hut gezaubert, so bitte nicht. Es wird immer wieder versucht, aber Gott lässt sich nicht die Rolle der Welterklärung aufdrücken! Wenn zu allem Unheil auch noch Gott als Erklärung ins Feld geführt wird, dann wird diese Erfahrung beim allerbesten Willen nicht leichter, im Gegenteil. Gott erklärt nichts!

Gott macht keinen Sinn aus der Sinnlosigkeit. Und mir hilft es auch nicht zu sagen: „Ja, Gott kann man eben nicht verstehen, aber so handelt Gott nun einmal ... steht ja so da!“ Damit wäre das göttliche Geheimnis auf eine geradezu diabolische Weise gelüftet, doch genau das will ich nicht! Sobald ich mit dem Wort „Gott“ etwas zu erklären versuche, ist es kein Geheimnis mehr. Das Geheimnis muss ungeklärtes Geheimnis bleiben dürfen.

G''tt ist mir keine Erklärung, sondern ein Versuch. G*tt ist in allen Varianten ein geheimnisvolles Experiment der Sprache. Denn schon mit dem bloßen Gebrauch des Wortes G+tt wird der Sinnlosigkeit der Erfahrung versuchsweise eine Bedeutung für das Erzählen beiseitegestellt. Allein, indem das Wort G'tt in die Erzählung hineingeschrieben wird, passiert schon etwas mit der Geschichte. Natürlich könnten die Erfahrungen auch anders erzählt werden, ohne G°tt, denn das Göttliche ist ausschließlich im Glauben sichtbar. Aber mit diesem Wort kommen besondere Nuancen der eigenen Erfahrung und Hoffnung zum Vorschein. G_tt im Erzählen ist diese Kleinigkeit, die den geheimnisvollen Reiz des Ganzen ausmacht, so wie das Lächeln der Mona Lisa.

Dieses Wort G#tt an sich erhellt noch nicht viel. Denn G-tt ist und bleibt eine merkwürdige und mehrdeutige Vokabel. Es füllt nicht die Lücken im Text aus, sondern macht sie vielmehr sichtbar. Das Wort G!tt verhüllt manchmal mehr, als es zeigt. Es verhüllt meine Sprachlosigkeit, es umhüllt mein immer wieder schockiertes Schweigen vor dem Unheil, das die Unbeteiligten trifft. Wenn ich mit offenem Mund und einer Träne im Auge dastehe und mich frage, wie so etwas sein kann, dann wird G:tt mir zum Resonanzraum für mein Schweigen und Schreien, für mein Fragen und die gelegentliche Verzweiflung. Mehr nicht, aber bitte auch kein bisschen weniger! All das trägt und erträgt dieses unscheinbare Wörtchen: Gott.

Vielleicht kann das Wort mir zur Sprache für das Unsagbare werden. Es könnte ein Schwamm sein für meine Tränen, ein Echo für mein Schreien. Gott als Wort meiner Sprache nimmt das Unaussprechliche meines Erlebens in sich auf. Wohl gerade dann, wenn ich mich selbst als unschuldig betroffen erlebe. Wenn wir wieder einmal mit ausbaden müssen, was andere verbockt haben.

Der erste Gedankenschritt lautet also: Gott ist ein Versuch unserer Sprache. Uns ist ein Wort geschenkt für das Unsagbare, eine Sprache für das Unaussprechliche. Gott ist ein Wort für das manchmal erschreckende Mysterium des Lebens.

Gott als Bedeutung

Gehen wir einen Gedanken weiter. Worte sind natürlich nicht nur zufälliger Buchstabensalat, sondern sie tragen Bedeutung mit sich. Das muss man sich immer bewusst machen. Von Gott zu reden, ist keine inhaltliche Willkür oder Leere. Erstens bringen wir selbst schon die verschiedensten Vorstellungen davon mit, die auch innerhalb derselben Religion, Konfession oder Gemeinde sehr unterschiedlich sind. Zweitens tragen auch die biblischen Texte eine Idee von Gott mit sich herum. Vielleicht ist unsere eigene sogar davon geprägt, bestimmt sogar. Und Gott ist gerade nach biblischem Verständnis nicht einfach irgendeine nebulöse Macht, sondern eine ganz bestimmte. Gott ist voller Bedeutung. Das Göttliche ist nicht einfach die widersprüchliche Summe aus allen noch so kleinen Bibelverslein, keine graue Mixtur aus all den schönen und furchterregenden Texten, sondern Gott ist immer die Macht der Befreiung! Gott ist immer solidarisch mit den Leidenden! Gott meint immer die Kraft, neu aufzubauen, was zerstört ist!

Wenn also das Wort „Gott" sogar im Entsetzen der totalen Zerstörung auftaucht, dann begegnet uns darin immer auch etwas von seinem Inhalt! Ob das allen Texten wirklich gerecht wird und tatsächlich funktioniert, weiß ich nicht, aber ich hoffe es. Denn man kann das Wort „Gott" in biblischer Tradition (also gewissermaßen bibeltreu) nicht benutzen, ohne dass zugleich Hoffnung mitklingt, ohne dass Befreiung zu hören ist. Das Wort funktioniert nicht ohne die Bedeutung von neuen Anfängen, unverhoffter Rettung und erhoffter Hilfe. Wenn das so ist, dann klingt sogar aus den Trümmern der Existenz ein fast verschüttet geglaubter Ruf zum Wiederaufbau.

Wie klingen solche Texte, wenn davon etwas stimmt? Wenn nicht nur das Wort „Gott" drinsteckt, sondern sogar seine Bedeutung? Die Texte an sich werden davon natürlich nicht schöner, aber vielleicht ergibt sich eine ganz merkwürdige, irritierende und dadurch eigenartig heilsame Spannung, wenn wir sie so lesen, dass wir das „Ich" Gottes betonen und darin zugleich hören, was „Gott" bedeutet:

> **Zefanja 1,2–3:** „Raffen! *Ich* raffe alles von der Erdoberfläche!" Ein Spruch *G*ttes*. „*Ich* raffe Mensch und Tier, *ich* raffe die Vögel des Himmels und die Fische des Meeres, die Gottlosen mache *ich* zu Ruinen, den Menschen rotte *ich* von der Erdoberfläche aus!" Ein Spruch *G*ttes*.

Wie zur Erinnerung hält das Zefanjabuch es hier lieber doppelt fest: „Ein Spruch *G*ttes*!" Es ist nicht der Spruch irgendeiner Gottheit, sondern dieses Gottes JHWH, der befreit, rettet, sich solidarisiert. Was für ein Wider-Spruch! Vielleicht ist es ein heilsamer Widerspruch. Ein Widerspruch im Text gegen den Text. Weil dieses Wort mit seiner Bedeutung so gar nicht hineinpassen will.

Gott als Überraschung

Ich stelle mir vor, dass es den Menschen zur Zeit der Texte ähnlich gegangen sein könnte. Man geht in der Forschung nämlich davon aus, dass die manchmal so unvermittelt heilvollen Passagen aus den Prophetentexten später entstanden sind, nachdem Israel mit dem Ende des Exils die Rettung und Befreiung wirklich erlebt hatte. Das heißt, dass in den Texten tatsächlich zwei ganz unterschiedliche, widersprüchliche Erfahrungen miteinander verschmolzen sind: Untergang und Neuanfang, Zerstörung und Wiederaufbau. Beides ist auf engstem Raum verbunden.

Vielleicht dachten sich die Menschen, als sie die ersten Versionen dieses Zefanjabuches kennenlernten, dass da noch etwas fehlt. Da fehlt doch noch genau das, was wir eigentlich von Gott glauben, worauf wir hoffen, woran wir uns klammern:

> **Zefanja 3,16–18:** An diesem Tag wird man zu Jerusalem sagen: Fürchte dich nicht! Zion, lass deine Schultern nicht hängen! *G*tt*, dein Gott in deiner Mitte, eine mächtige Hilfe, freut sich an dir in Verzückung – mal schweigend in Liebe, mal schreiend vor Freude! „Die Betrübten unter euch, die nicht beim Fest sind, nehme ich auf – es ist ein Geschenk wegen ihrer Schmach."

Hier wird mir das Wort „Gott" noch einmal ganz anders lebendig. Weil es ausdrückt, was ich trotz allem Übel ebenso erlebe und was mich fast genauso sprachlos zurücklässt wie das schockierende Unheil. Nicht erschreckend, sondern faszinierend. Gott wird mir zum Wort für die heilvollen Überraschungen, die ich manchmal erlebe. Gott wird mir zur Sprache für die sehnliche Hoffnung, die ich habe, dass das Unheil weggenommen wird und dass die, die nichts zu feiern hatten, vom Schicksal beschenkt werden.

Ich wette, du kennst diese Erfahrung und weißt ungefähr, was ich meine. Bisher vielleicht, ohne es zu merken. Ich meine Momente, in denen mein „Gott sei Dank!" nicht nur so dahergeredet ist, sondern etwas einfängt, das ich fühle. Weil etwas Gutes eingetreten ist, das längst nicht selbstverständlich war. Etwas, das nicht in meiner Macht stand. Etwas, das mir entglitten war, auf das ich keinen Einfluss mehr hatte. „Gott" wird zum Wort für die gelungene Überraschung.

Was für die Katastrophe galt, das gilt auch für diese wunderbare Wendung: Sie trifft unterschiedslos alle. Nicht nur die, die dafür arbeiten. Nicht nur die, die sie verdienen. Und nicht nur die, die irgendwie dazugehören. Diese Idee blitzt immer wieder bei den Propheten auf. Immer wieder begegnet uns diese geradezu utopische Idee, dass das göttliche Heil mit allen zu tun hat oder in der Sprache der Propheten:

> **Zefanja 2,11:** ... und es sollen ihn alle anbeten von ihrem Ort aus, alle Nationen an den Küsten.

Anbetung, was ist das anderes, als wahrzunehmen und auszudrücken, dass man etwas vom göttlichen Guten abbekommen hat?

Gott für alles

Bringen wir am Schluss beide Gedanken zusammen: Wenn „Gott" also ein Wort für das Üble ist und ebenso für das Gute, ein Wort für Heil und Unheil, dann ist „Gott" ein Wort für das ganze Leben. Dann spiegelt sich in diesem Wort und in dieser Wirklichkeit das ganze unerschöpfliche Geheimnis unserer Welt wider. Dann erleben wir Gott selbst in den unaussprechlichen Mysterien unseres Lebens. Und das heißt dann, dass sogar die unsagbaren Extreme unseres Erlebens in Gott verborgen und geborgen sind, weil allein durch dieses Wort immer mitschwingt, wie Gott ist: Befreiung, Rettung, Hoffnung und Neuanfang. Sogar in Zeiten, die sich anfühlen wie das Jüngste Gericht. Doch gerade im Unheil hoffe ich auf den Gott des Heils, im Übel hoffe ich auf die Macht des Guten. Darauf gibt uns Gott ihr Wort.

Haggai reklamiert den Tempel

Wüsstest du (ohne nachzuschauen!) wie das „One World Trade Center" in New York aussieht? Beim Lesen des nächsten Prophetenbuches kam mir dieses Gebäude in den Sinn. Es ist der Nachfolgewolkenkratzer der „Twin Towers", die am geschichtsträchtigen 11. September 2001 zerstört wurden. 2006 haben die Arbeiten an diesem Bauwerk begonnen, am 3. November 2014 waren sie (zumindest offiziell) beendet.

Warum ich daran denken musste, ist schnell erklärt: Wenn es mit Haggai um den Tempel geht, dann haben wir es ebenfalls mit dem Neubau eines zerstörten Gebäudes zu tun. Besonders kam mir das „One World Trade Center" in den Sinn, weil ich zwar wusste, dass es existiert, es wollte aber einfach kein Bild davon in meinem Kopf entstehen. An die „Twin Towers" kann ich mich noch gut erinnern, und ich weiß noch sehr genau, wo ich damals am 11. September war, als die Flugzeuge einschlugen. Aber dieses neue Gebäude? Ehrlich gesagt hatte ich bisher andere Sorgen, als mich damit zu beschäftigen.

Beim vorliegenden Propheten geht es ebenfalls um ein Gebäude und in gewisser Weise darum, ein Bild davon im Kopf zu haben; eine Idee davon, wie der Neubau aussehen und wie er Gesellschaft prägen könnte. Denn Haggai reklamiert den Tempel.

Haggai: „Meine Feste“

Verschaffen wir uns zunächst den vertrauten Überblick über das Buch und blicken dabei auf den Jerusalemer Tempel mit seiner Bedeutung. Genauer müssten wir sagen *die* Tempel, denn wir haben es in jüdischer Tradition mit zweien zu tun. Der erste reicht mindestens zurück bis in die sagenumwobene Zeit des Königs Salomo (ganz grob irgendwann ab 1000 vor unserer Zeit), man nennt ihn daher auch „Salomonischer Tempel“. Wie die Texte der jüdischen Tradition hat dieses Bauwerk eine bewegte Geschichte, es wurde immer wieder erweitert und erneuert. Auch seine Bedeutung war nicht immer dieselbe. Dass er das zentrale Heiligtum und sogar Mittelpunkt der jüdischen Religion wurde, geschah vermutlich erst im siebten Jahrhundert im Zuge der Reformen, die mit König Josia und dem Jahr 622 in Verbindung gebracht werden. Allerdings teilt dieser erste Tempel das Schicksal des „World Trade Center“: Er wurde zerstört. Das geschah bei der Eroberung Jerusalems durch die Neubabylonier*innen im Jahr 587/86. Ein Datum, das uns schon des Öfteren beschäftigt hat. In drei Deportationswellen in den Jahren 597, 587/86 und 582 wurden einige Tausend Menschen (natürlich nicht alle, Israel und Juda blieben im Exil nicht leer) in das babylonische Reichsgebiet geschafft, meist Leute aus der Oberschicht oder „nützliche“ Berufsgruppen etwa aus dem Handwerk. Dort wurden sie meist geschlossen angesiedelt und konnten so über die Zeit des Exils hinweg trotz einer nach und nach gelingenden Integration eine eigene Identität bewahren und weiterentwickeln.

Mit dem Haggaibuch gehen wir historisch einen Schritt weiter. Zwischenzeitlich hatte der Perserkönig Kyros II., genannt „der Große“, das Neubabylonische Reich zerschlagen.

Das Esrabuch und die Chronik erzählen davon, dass dieser König die Rückkehr der Judäer*innen in ihr Land erlaubt hatte. Einige (sicher nicht alle) haben diese Möglichkeit ergriffen. Nicht nur das, nach dem „Kyrosedikt" (Esra 1,1–4) bekamen sie sogar den Auftrag, den Tempel wiederaufzubauen. Das ist die Situation, in die das Haggaibuch hineinspricht. Wir befinden uns also in der nachexilischen Zeit ab etwa 538. Dem Buch zufolge lässt sich das Erzählte ziemlich genau auf das Jahr 520 datieren, aufs zweite Jahr des persischen Königs Darius. Anhand der vier jeweils taggenauen Datierungen (Haggai 1,1; 2,1; 2,10 und 2,20) kann man das Buch übrigens ganz gut in vier Reden einteilen.

Die Rückkehr einiger Judäer*innen aus dem Exil stellt die Gesellschaft in Juda vor Herausforderungen. Plötzlich siedeln sich die ehemals Vertriebenen wieder an, das führt zu Spannungen. Wie kommen beide Seiten miteinander zurecht? Vielleicht hilft ja ein gemeinsames Bauprojekt. Tatsächlich wird der Wiederaufbau des Tempels 515 abgeschlossen. Das ist durchaus ein Grund zu feiern, wie es der Name Haggai schon mit sich bringt: „meine Feste".

Knapp 500 Jahre später wird dieser zweite Tempel umfangreich erweitert. Das geschieht unter Herodes dem Großen, den wir aus der Weihnachtsgeschichte kennen. Allerdings wird er keine 100 Jahre später im Jahr 70 unserer Zeit von den Römer*innen wieder zerstört. Dieser Zustand dauert bekanntermaßen bis heute an, erhalten ist praktisch nur ein Fragment der westlichen Mauer, bekannt als „Klagemauer".

Für den gedanklichen Dunstkreis, in dem wir uns in diesem Kapitel bewegen, ist der Tempel natürlich nicht nur ein Funktionsbau, wie es etwa (besonders freikirchliche) Gemeindehäuser häufig sind. Er ist nicht einmal nur ein Sakralbau wie eine Kirche, wo manchmal schon durch die Architektur etwas

Heiliges spürbar werden kann. Nein, der Tempel ist der konkrete Wohnort Gottes in der Welt. Im Tempel ist Gott anwesend. Dieser Gedanke (der übrigens schon in der Bibel nicht unstrittig ist) wird noch wichtig werden. Und auf ihn lassen wir uns mit diesem Kapitel einmal ein.

Es stellt sich allerdings gleich ein Problem: Was machen tempellose Christ*innen, wie ich einer bin, mit so einem Thema? Ich versuche, zwei Extreme zu vermeiden: Einerseits will ich keinen neuen Tempel, obwohl ich es wollen müsste, wenn ich den Text so nähme, wie er gemeint ist. Andererseits will ich den Tempel nicht einfach umdeuten. Die Flucht in dieses Extrem liegt nahe: Man könnte behaupten, dass schon im Text eigentlich etwas ganz anderes gemeint wäre. Natürlich wird der Tempel besonders in christlicher Tradition zu einer umfangreichen Metapher für christliche Ideen, für Kirche und Gemeinde als Tempel Gottes, Christus als Tempel oder den Körper als Tempel des Heiligen Geistes. Das sind durchaus gute Ideen, aber es sind nicht die des Haggaibuches. Mein Versuch ist, weder zum Tempelbau aufzurufen noch aus dem Text etwas zu machen, was eigentlich nicht drinsteckt.

Der Vorwurf

Worum genau geht es dem Propheten eigentlich? Sein Vorwurf lautet, dass sich die Leute im Lande nur um ihre eigenen vier Wände kümmern, aber nicht um den Tempel.

> **Haggai 1,4:** Ist es denn für euch an der Zeit, dass ihr in euren gedeckten Häusern wohnt, während dieses Haus verwüstet ist?!

So für sich betrachtet scheint das realitätsfern und eine natürliche Reaktion könnte sein: „Ja, natürlich bauen wir erst einmal unsere eigenen Häuser fertig und decken die Dächer! Lieber Prophet, nach etwa einem halben Jahrhundert in der Fremde dürfen wir uns doch bitte erst mal selbst wieder ein bisschen Existenz aufbauen, oder? Wir sind jetzt 70 Jahre ohne Tempel ausgekommen ... mach mal nicht so einen Stress. Die Zeit ist noch nicht da, dass das Haus G*ttes gebaut werden kann."

Ganz spontan würde ich mich da emotional auf die Seite der Angesprochenen schlagen. Lass doch die Leute erst einmal zur Ruhe kommen, bevor sie sich an irgendwelchen riesigen Prestigeprojekten beteiligen, die auf den ersten Blick gar nicht viel mit den alltäglichen Herausforderungen des Lebens zu tun haben. Ein Tempel ist eine wirklich schöne Idee, ein „nice-to-have", aber gibt es nichts Wichtigeres zu tun als so einen Prachtbau?

Klar, es gibt immer Dinge, die sind wichtiger, schöner, schlimmer, dringender als andere. Die Arbeit, die Familie, die Armen, die Wirtschaft, die Umwelt ... immer ist etwas anderes mindestens genauso wichtig. Man könnte trefflich darüber streiten, was das Wichtigste ist. Denn die Frage nach dem, was (mir) am wichtigsten ist, ist nicht leicht zu beantworten.

Beim Versuch könnte man auf zwei Seiten vom Pferd fallen: Entweder beginne ich, mich zwischen all den Wichtigkeiten im Kreis zu drehen, versuche es allen Seiten irgendwie recht zu machen, sehe den Wald vor lauter wichtigen Bäumen nicht mehr und verliere den Überblick. Oder ich verbohre mich so sehr in diese eine Sache, dass alle anderen Interessen aus meinem Sichtfeld verschwinden, weil ich nur noch dieses eine Thema wichtig finde.

Man kann das beispielhaft an der Klimadiskussion durchspielen, zumindest scheint es auf den ersten Blick so: Die einen treten vehement für schnelle und weitreichende politische Maßnahmen zugunsten dieses einen obersten Zieles ein, hinter dem alles andere zurückstehen muss, während die Politik dem Anschein nach versucht, jede noch so kleine vermeintliche Nebensächlichkeit mit zu bedienen. Mein Gefühl dabei ist: Es scheint ein ständiger Kampf zu laufen zwischen angeblicher Hysterie und dem Vorwurf von Lethargie, zwischen vermeintlicher Panik und faulem Kompromiss. Die einen setzen scheinbar alles auf eine Karte, die anderen scheinen im Spiel zu taktieren und bloß keine voreiligen oder gar falschen Entscheidungen treffen zu wollen. Prophet*innen wie Greta Thunberg haben diese eine Sache fest im Blick, während der Rest der Gesellschaft sich um alles mögliche andere zu kümmern scheint – nur nicht um „das Wichtigste". Oder nicht genug.

Vielleicht ist das ungefähr die Situation des Haggaibuches: Auf der einen Seite steht der Prophet, der sich allem Anschein nach auf den Neubau des Tempels versteift hat. Auf der anderen Seite lebt eine Gesellschaft vor sich hin, verliet sich im Allerlei des Lebens und dreht sich am Ende vor allem um sich selbst.

Es ist hoffentlich offengeblieben, auf welcher Seite ich selbst stehe. Denn im Haggaibuch könnte man eine Art goldenen Mittelweg entdecken, eine Idee zur Vermittlung zwischen den Extremen. Unser Prophet wird gerade nicht als ideologischer Träumer vorgestellt! Dadurch finde ich ihn sehr inspirierend. Er ruft nämlich nicht einfach aus: „Baut den Tempel! Macht dies und das! Gott will das so!"

Solche Appelle kenne ich aus meiner eigenen kirchlichen Biografie: Irgendetwas tun, weil man das nun einmal so macht und weil es vielleicht sogar als „göttlicher Wille" behauptet wird. Ich verzichte auf Beispiele, denn obwohl sie noch immer Realität in Gemeinden sind, klingen sie häufig nach bloßen „christlichen" Klischees …

Wenn ich es richtig sehe, dann fordert der Prophet interessanterweise nicht den Tempelbau, weil es Gottes Wille wäre. Nein, Haggai reklamiert den Tempel, weil der Tempel den Menschen guttun würde! Beim Lesen fällt diese Formulierung ins Auge, die zweimal im ersten und ähnlich noch zweimal im zweiten Kapitel auftaucht:

> **Haggai 1,5+7:** Richtet euer Herz darauf,
> wie es euch geht!

Haggai begründet und führt ein gewichtiges Argument an. Er führt das vielleicht stärkste Argument an, das es gibt: die Erfahrung. Er appelliert an das Erleben der Menschen: Spürt ihr es eigentlich noch? Dabei ist „spüren" natürlich nicht gefühlsduselig gemeint. Das Herz ist das, was den Menschen als Person ausmacht. Wenn es um das Herz geht, dann ist all das berührt, was Menschen ausmacht: Wollen, Fühlen und Denken. „Richtet euer Herz darauf", meint also, die eigene Existenz zu befragen und geradezu analytisch zu spüren, wie es um sie bestellt ist. Haggai weiß, welches Gefühl die kollektive Seele beschleichen würde: Es ist nicht gut um sie bestellt.

> **Haggai 1,6:** Ihr habt viel gesät, aber es hat nichts gebracht. Ihr habt gegessen, aber es gab kein Sattwerden. Ihr habt getrunken, aber es gab keinen Rausch. Ihr habt euch gekleidet, aber es wurde nicht warm. Und wer für Geld arbeitet, arbeitet das Geld in löchrige Taschen.

Bei der Art und Weise, wie er weiter begründet, komme ich dann nicht mehr ganz mit. Für das Haggaibuch ist nämlich klar, dass die landwirtschaftliche Misere daher kommt, dass der

Tempel fehlt. Denn weil der Tempel fehlt, deshalb fehlt auch Gott, weil Gott ja nirgends wohnen kann, solange der Tempel nicht steht. Mit diesem Argumentationsgang habe ich so meine (vermutlich nachvollziehbaren) Schwierigkeiten. Daher lege ich mal einen anderen Schwerpunkt, der mir tatsächlich hilfreich erscheint, nämlich das bloße:

> **Haggai 1,5+7:** Richtet euer Herz darauf,
> wie es euch geht!

Das ist ein sehr, sehr spannender Prüfstein für sämtliche religiöse Ideen. Ob es nun ein Tempelbau ist oder irgendetwas anderes, spielt gar keine Rolle. Die Frage ist vermutlich in den meisten Fällen religiöser Erregung hilfreich: Was macht mein Glaube mit mir und anderen?

Einer meiner Lehrer sagte einmal sinngemäß: Gute Theologie erzeugt gute Gefühle. Und ich finde, da ist etwas dran. Ich nenne das gern theologisches Bauchgefühl. Lass es uns mal ein bisschen antesten und darauf achten, was bestimmte religiöse beziehungsweise theologische Sätze auslösen, durchaus auch körperlich. Was spürst du jeweils, wenn du folgende Überzeugungen hörst: Die Bibel ist ein wertvoller Schatz von menschlichen Erfahrungen mit Gott. Oder: Die Bibel ist das unfehlbare Wort Gottes. Oder: Die Bibel ist ein Buch wie jedes andere. Spürst du da etwas? Machen wir noch einen Versuch: Am Abendmahl dürfen nur die getauften, wiedergeborenen Christen teilnehmen. Oder: Zum Abendmahl sind alle eingeladen, Glaubende und Zweifelnde, Männer und Frauen, Kinder und Senior*innen. Oder: Das Abendmahl könnte man auch weglassen. Tut sich da etwas im Bauchgefühl? Ich finde es sehr gesund, bisweilen einmal theologisch auf sich selbst (und das Selbst anderer) zu hören. Besonders in einer Tradition, die gelegentlich einen gefühlsfreien Gehorsam zu fordern scheint. Dem hält das Haggaibuch die Empathie entgegen: Spüren wir noch, welche Auswirkungen unser Glaube auf uns und andere hat, was er bei uns und anderen anrichtet?

Ja, zugegeben: Das bloße theologische „In-uns-Hineinhören" kann auch ein wenig schräg werden, vielleicht sogar gefährlich, wenn uns der Blick nach außen abhandenkommt. Ein vollständig individualistischer Glaube ist nicht mehr gemeinschaftsfähig und noch weniger gesellschaftskompatibel. Darum geht es bei Haggai aber auch gar nicht. Zu beachten ist nämlich: Hier ist gar kein „Ich" im Spiel, hier gibt es nur ein „Wir". Ein Kollektiv, eine Gemeinschaft, eine Gesellschaft. Die Frage ist hier nicht: Wie geht es mir? Noch nicht einmal: Wie geht es uns? Sondern die Frage des Propheten ist: Wie geht es eigentlich euch? Wie geht es den anderen in der eigenen Gesellschaft?

Je nachdem, wen man heute danach fragt, bekommt man darauf sehr, sehr unterschiedliche Antworten. Vom Untergang des Abendlandes bis zum Greifen nach den Sternen ist wohl alles dabei. Ich gebe darauf keine Antwort, aber ich will auf etwas aufmerksam machen: Je nachdem, wie ich Gesellschaft heute einschätze, werde ich sie morgen bauen. Oder auch nicht, denn wenn eigentlich alles gut läuft, dann reicht es ja, das Bestehende zu verwalten. Wenn alles den Bach runtergeht, dann läute ich natürlich die Wende ein. Das sind zwei Extreme, die viele Zwischenstufen erlauben.

Also: Haggai analysiert die Gesellschaft seiner Zeit und kommt zu dem Schluss, dass da „ein bisschen" Gott fehlt. Seine Lösung ist der Tempel. Denn Haggai scheint der Überzeugung zu sein, dass der Tempel den Leuten guttäte. Dass Gott selbst, der ja im Tempel wohnt, den Menschen guttäte.

Wenn wir als gottsuchende Menschen über unsere Gesellschaft nachdenken, dann könnten (vielleicht sogar: müssten) wir mit Haggai fragen: Was tut denn den Menschen gut? Und zwar hier ganz besonders: Was tut denn der Gemeinschaft gut? Die Antworten fallen naturgemäß sehr unterschiedlich aus. Haggais Antwort ist der Tempel. Die Antwort vieler religiöser Menschen könnte das sein, was letztlich mit dem Tempel gemeint ist und was da buchstäblich drinsteckt – Gott.

Doch was heißt das? Bei Zefanja hatten wir ja schon gesehen, dass Gott eine Variable ist, die unterschiedliche Werte annehmen kann. Stöbern wir einmal im Buch Haggai, was „Gott" bedeuten könnte. Mir fielen dabei drei Dinge auf, die für Haggai mit Gott zusammengehören. Wir hatten das immer wieder bei den letzten Propheten: Gott ist eben nicht bloß mysteriöse Idee und pure Allmacht. Gott ist ein geheimnisvolles Hintergrundrauschen des Lebens. Trotzdem bleibt das für die jüdische und christliche Gottesidee nicht völlig ungreifbar und auch nicht willkürlich. Sondern, mal ganz menschlich gesprochen: Gott hat einen Charakter. Und das Haggaibuch charakterisiert Gott für mich mit drei Schlagworten: Freiheit, Frieden und Segen.

G*tt = Freiheit

> **Haggai 2,4-5:** „Denn ich bin bei euch", so redet ein mächtiger *G*tt*, „mit dem Wort, wie ich es beschlossen habe, als ihr aus Ägypten gekommen seid: Meine Lebenskraft stellt sich in eure Mitte – fürchtet euch nicht!"

Was wäre für dich das entscheidende Stichwort in diesen Sätzen? Ich glaube, es ist Ägypten! Das überliest man gerne, aber die grundlegende Erzählung jüdisch-biblischen Glaubens ist die göttliche Befreiung aus Ägypten!

> **Haggai 1,13:** „Ich bin bei euch!" So redet *G*tt*.

„Ich bin bei euch!" Damit beginnt am Dornbusch der Auszug aus Ägypten in Richtung Freiheit. „Ich bin bei euch" ist auch die Zusage für den Tempelbau. „Ich bin bei euch" ist dann ja vielleicht sogar das Versprechen an eine Gesellschaft, die wir in Freiheit gestalten, in der uns die Freiheit zum Heiligtum wird! Auch hier gilt: Kein „Ich", sondern ein „Euch", denn Freiheit ist immer die Freiheit der anderen. Der Andersdenkenden. Der Andersglaubenden. Der Andersliebenden. Der Anderslebenden. Bei allen Vorbehalten und Vorurteilen, die ich dem anderen immer entgegenbringe – mehr und mehr entdecke ich das Göttliche darin, andere anders sein lassen zu können. Oder es wenigstens zu versuchen. Weil sich darin meine eigene Sehnsucht ausdrückt, sein zu dürfen, wer ich eben bin. Dass andere mich anders sein lassen, das ist meine Freiheit.

G*tt = Friede

> **Haggai 2,9:** „Der Glanz dieses späteren Hauses soll größer sein als beim früheren!", sagt der mächtige *G*tt*. „Ich gebe Frieden an diesem Ort!", so redet der mächtige *G*tt*.

Der zweite „Charakterzug" des Göttlichen ist der Friede. Vielleicht ergibt er sich sogar aus dem ersten: Wo anderen Freiheit zugestanden wird, da ist auch Frieden möglich. Göttlicher Schalom, in dem alles gut geordnet ist, damit das Leben aufblühen kann. Schalom bedeutet, dass alles seinen Platz findet und gut miteinander auskommt. Das heißt auch: Der/die/das andere darf anders sein und bleiben!

Natürlich hat und braucht Freiheit auch eine Grenze. Nämlich spätestens da, wo sie missbraucht wird, um Miteinander zu zerstören. Wo das Leben nicht geachtet, der Frieden nicht gefördert und die Gerechtigkeit nicht geschützt wird. Da ist Widerspruch gefragt und da müssen Grenzen gesetzt werden. Aber es ist auch erst da eine Grenze nötig, wo die Freiheit sich selbst verrät, weil sie anderen vorenthalten wird. Vorher lasst uns Menschen helfen, ihren Platz zu finden, womöglich sogar bei uns! Selbst wenn sie anders sind, wenn sie unsere je ganz eigene Mentalität irritieren. Wenn sie unsere gewohnten Ideale durcheinanderbringen und wenn sie scheinbar unseren Gemeindefrieden stören.

Es gibt eine wunderbare Übersetzung des Missionsauftrags aus Matthäus 28,19: „Macht euch auf den Weg und lasst alle Völker mitlernen“ (Bibel in gerechter Sprache). Das ist für mich der Auftrag von Gemeinde: Menschen mitmachen lassen, auch wenn sie anders sind. Gerade in dieser Verschiedenheit Gott zu entdecken, ist für mich Kirche. Übrigens auch hier mit der Zusage: „Ich bin bei euch, bis ans Ende aller Tage“ (Matthäus 28,20).

G*tt = Segen

> **Haggai 2,18–19:** Richtet doch euer Herz darauf von diesem Tag und darüber hinaus! ... Von dem Tag an, seit der Grundstein des *G*ttes*tempels gelegt wurde, richtet euer Herz darauf: Noch ist die Saat im Lager, noch tragen weder Weinstock noch Feigenbaum, weder Granatapfel- noch Olivenbaum – doch ab diesem Tag segne ich!

Der dritte „Charakterzug“ des Göttlichen ist der Segen, das gelingende Aufblühen des Lebens. Da regt sich wieder unser theologisches Bauchgefühl: Richtet euer Herz darauf! Lasst uns doch ausprobieren und beobachten, was passiert, wenn wir Menschen einfach mitmachen lassen. Vielleicht wird daraus ja so etwas wie Segen! Bei Haggai ist das Aufblühen des Lebens ganz materiell verstanden, darauf würde ich nicht unbedingt hoffen. Aber vielleicht liegt darauf trotzdem Segen, wie man so schön sagt, wenn wir Menschen mitmachen lassen.

Ich finde, Kirche hat einen schönen Übungsplatz dafür: das Abendmahl. Dafür hat natürlich jede Kirche und Gemeinde so ihre eigenen Regeln. Für die einen ist es der Ort aller Getauften ... aber auch nur der Getauften. Für meine frei-evangelische Tradition ist es ein Ort für alle, die wirklich entschieden glauben ... aber auch nur für sie. Auf die Ur-Abendmahlszene dürfte beides nicht zutreffen. Weder waren die Anwesenden christlich getauft noch glaubten sie so richtig entschieden, wie die weitere Erzählung vermuten lässt. Also: Wen lassen wir bei unseren Abendmahlen mitmachen? Für mich hat das eine Bedeutung nicht nur für diesen kurzen rituellen Moment, sondern für alles in der Gemeinde. Denn es gibt für mich keinen Ort im gesamten Kirchenleben, an dem intensiver und intimer zum Ausdruck kommt, was Gemeinde ist. Abendmahl ist Gemeinde in ihrer konzentriertesten Form! Denn hier begegnen Menschen gemeinsam der Geschichte von Jesus Christus „mit Leib und Seele“, mit ihrem ganzen bedürftigen Menschsein. Sie schauen auf die Jesusgeschichte zurück und zugleich nach vorne, weil hier eine vollendete Gemeinschaft vorgezeichnet wird. Im Abendmahl empfangen Menschen etwas und geben es weiter. Dort finden sie einen Platz im Leben und sei es nur für ein paar Minuten. Nahezu alles, was christliches Leben ausmacht, kommt im Abendmahl zusammen. Richtet euer Herz darauf ...

Wie wir Abendmahl feiern, ist ein Spiegel dessen, wie wir Gemeinde (er-)leben. Lasst uns doch mal das Abendmahl sehen als ein Bild davon, wie wir Gemeinde sein wollen. Von Haggai lasse ich mich inspirieren, dass Segen darauf liegen könnte, anderen, in Freiheit einen Raum zu geben und so den Frieden wirksam werden zu lassen, den wir vom Gott der Liebe erhoffen.

Und der Tempel?

Wie kamen wir hierher? Wir hatten gesehen, dass Haggai den Tempel als etwas versteht, das den Menschen als Gesellschaft guttut, weil im Tempel Gott mitten in der Gesellschaft wohnt. Das stellt uns als „tempellose" christliche Gemeinschaft vor die Frage, was wir eigentlich für gut für unsere Gesellschaft halten. Und wenn wir nach Gott fragen, dann könnte das vom Haggaibuch her etwas sein, das mit Freiheit, Frieden und Segen zu tun hat.

Kurzum, der Tempel als Gebäude könnte uns zu einem Bild von einer Gesellschaft werden, der es gut geht. Weil das Göttliche in ihrer Mitte wohnt und gefeiert wird: Freiheit, Friede und deshalb auch Segen. Hast du so ein Bild vor Augen? Wie sähe dein „Tempel" aus?

PS: Jetzt darfst du gern das One World Trade Center googeln.

Sacharja reklamiert die Stadt

Als mittelhessisches Dorfkind ist „Stadt“ eigentlich gar nicht mein allererstes Thema. Ich bin gerne auf dem Dorf aufgewachsen, habe gerne in einem Dorf studiert und lebe jetzt sehr gerne mit meiner Familie wieder in der gleichen Straße wie damals als Kind. Was sollte ich über das Stadtleben und einen „städtischen“ Glauben Gehaltvolles schreiben können? Doch der Prophet reklamiert nun einmal die Stadt: Jerusalem.

> **Sacharja 1,12+16** Mächtiger *G*tt*, bis wann erbarmst du dich nicht über Jerusalem und die Städte von Juda? [...] Darum spricht *G*tt* so: Mit Erbarmen komme ich zurück nach Jerusalem.

Zum Glück habe ich die Geschichte auf meiner Seite. Denn das Jerusalem zur Zeit des Propheten war sicher keine Stadt im modernen Sinn. Es war eher ein Dorf, nach ganz groben Schätzungen kann man von etwa 500 Einwohner*innen ausgehen. Selbst mein beschauliches Dorf ist größer als diese „Stadt“. Im ganzen Südreich Juda (genauer gesagt in der persischen Provinz Jehud) lebten damals schätzungsweise 13.000 Menschen. Machen wir einen Vergleich, um mal ganz grob die Bevölkerungsverhältnisse einschätzen zu können: Noch gut 500 Jahre später leben auf dem Gebiet des Römischen Reiches rund um das Mittelmeer ungefähr 45–70 Millionen Menschen. So viele leben heute allein in Spanien (gut 47 Millionen) oder in Frankreich (knapp 67 Millionen), die beide zum Römischen Reich gehörten ... bis auf ein kleines gallisches Dorf, wie wir wissen.

Wenn wir über „Städte“ reden, dann sind die Verhältnisse in der Antike völlig andere als heute. Und Jerusalem ist nicht viel mehr als eine etwas größere Siedlung um den zerstörten Tempel herum.

Sacharja: „JHWH hat sich erinnert“

Womit wir auch schon in der Zeit von Sacharja wären. Wir befinden uns noch immer in der Epoche nach dem Exil. Die wenigen Zurückgekehrten haben den Wiederaufbau des Tempels vor der Nase. Genau wie im Buch Haggai lassen sich die erzählten Ereignisse ziemlich genau auf das Jahr 520 vor unserer Zeit datieren, das zweite Jahr des persischen Königs Darius. Zumindest gilt das für die ersten acht Kapitel. Danach gibt es einen Bruch im Buch, weil ganz andere Zeitverhältnisse vorausgesetzt sind, nämlich die sogenannte hellenistische Zeit ungefähr ab dem Jahr 333.

Sacharja ist insgesamt etwas rätselhaft und wirr. Es ist jedenfalls schwierig, der Fülle an Themen in einem Kapitel gerecht zu werden und das Buch als Ganzes in den Griff zu bekommen. Daher stutzen wir uns diese Prophetenschrift großzügig zurecht und legen zwei Schwerpunkte. Im ersten Teil fragen wir nach der Stadt, im zweiten Abschnitt begegnen wir einer merkwürdigen Figur aus dem ersten Teil des Sacharjabuches, einem Engel.

Die Stadt

Die Situation ist zu Beginn des Buches ziemlich kompakt beschrieben. Wenn man so will, ist das sogar eine Überschrift über das ganze Buch:

> **Sacharja 1,2–3:** *G*tt* war zornig über eure Väter, voller Zorn! Aber sprich zu ihnen: „So spricht der mächtige *G*tt*: Kommt zurück zu mir – so redet der mächtige *G*tt* – dann komme ich zurück zu euch! So redet der mächtige *G*tt*."

Den Zorn Gottes hatte Israel nun wirklich deutlich zu spüren bekommen. Zumindest hatten sie es so verstanden, als das Babylonische Reich über sie hergefallen war und viele Menschen ihre Heimat verloren. Lesen wir die Verse einmal vor diesem Hintergrund: Land und Stadt mussten sie im göttlichen Zorn verlassen, aber jetzt sind sie zurückgekehrt. „Umkehr" also ganz wörtlich genommen. Da stellt sich doch die Frage: Ist Gott auch zurückgekehrt? Kommt Gott auch noch? Oder wo ist Gott geblieben?

Wo ist Gott? Die eindeutige Antwort auf diese Frage ist für Sacharja dieselbe wie für Haggai: im Tempel in Jerusalem. Eine metaphorische Auslegung böte sich daher an und man kann das natürlich auf übertragene Weise durchdenken. Mich beschäftigt mit Sacharja aber ganz konkret und wörtlich, wo Gott ist. Gerade nicht übertragen, sondern „wo" im buchstäblichen Sinne einer Ortsangabe. Dabei ist die „Stadt" als Platzhalterin für einen wirklichen Ort zu verstehen, den man auf einer Karte eintragen könnte.

In den bisherigen Kapiteln haben wir immer versucht, einige Grundlinien mehr oder weniger am Text entlang zu verfolgen. Das ist hier fast unmöglich, weil es (wie schon erwähnt) ein ziemliches Durcheinander ist und stellenweise auch ziemlich bizarr daherkommt. Daher versuchen wir es gar nicht erst und stellen nur diese eine Frage: An welchen Orten ist Gott zu finden? Eine klitzekleine, unvollständige, zugegeben oberflächliche und hoffentlich doch irgendwie zielführende Spurensuche.

Gott im Haus

Es ist ja zunächst einmal naheliegend, Gott in den vielen Gotteshäusern zu suchen. In Tempeln, Moscheen, Synagogen. Natürlich auch in Kirchengebäuden. Im Gegensatz zu den meisten freikirchlichen Gemeindehäusern, die mir vertraut sind, kann man dort schon spüren, dass es besondere Orte sind. Vor einigen Jahren war ich beispielsweise im Petersdom in Rom, das war schon etwas Besonderes. Noch beeindruckender fand ich allerdings das römische Pantheon, das heute eine Kirche ist, früher aber ein Tempel für alle römischen Göttinnen und Götter war. Ein Bau mit einer riesigen Kuppel, die an ihrer höchsten Stelle eine kreisrunde Öffnung hat, durch die das Licht einfällt. So etwas Faszinierendes wie dort hatte ich bis dahin noch nie und habe ich nie wieder in und mit einem Gebäude erlebt. Es war dieser Ort selbst, der etwas in mir bewegt hat.

Kennst du solche Erlebnisse? Kirchen oder andere Gebäude, in denen so ein ganz eigenes, irgendwie eigenartiges Lebensgefühl aufkommt? Wo das Dasein sich ganz plötzlich oder allmählich anders anfühlt? Ist da Gott? Begegnet mir darin das Göttliche?

Das sind ehrliche Fragen, keine rhetorischen, denn dieselben Orte können auch beklemmen. Manche Menschen haben überhaupt keinen Bezug zu solchen Gotteshäusern oder halten aus schlechter Erfahrung heraus sogar Abstand zu ihnen. Statt aufzuatmen, kommt bei ihnen am selben Ort eher Atemnot auf und böse Erinnerung hoch. Anstatt sich aufgehoben zu fühlen, werden Menschen eher niedergeschlagen.

Häuser des Göttlichen stehen zwischen Erhebung, Gleichgültigkeit und Abscheu. An welchem Ort ist dein Gott? Hast du ein Gebäude als heiligen Ort? Es gibt eine Kirche, die ich zwar nicht oft aufsuche, aber doch immer wieder dann, wenn ich dem Leben auf sehr intensive Weise begegnet bin. Das gibt mir ein Stück Sicherheit, denn dieser Ort verschwindet nicht so schnell. Dieses Haus ist nicht so flüchtig wie das Leben um mich herum.

Ich weiß nicht, ob man so etwas zwingend braucht. In meine Glaubensprägung ist mir ein solches Bedürfnis eigentlich nicht mitgegeben. Aber vielleicht ist es gar nicht so verkehrt, sich solch einen Ort zu suchen. Ein Haus, in dem Gott und das Leben wieder zusammenkommen können, wo Gott und Leben sich aneinander erinnern. Oder in der Sprache Sacharjas: ein Haus, in das ich zurückkehre und wo Gott zu mir zurückkehren kann.

> **Sacharja 1,3:** Kommt zurück zu mir – so redet der mächtige *G*tt* – dann komme ich zurück zu euch! So redet der mächtige *G*tt*.

Gott in der Natur

Ein weiterer Ort liegt irgendwie auf der Hand: die Natur. Für die einen ist es die Höhe der Berge, für die anderen die Weite des Meeres, wieder andere finden Gott in der Ruhe der Wälder.

Manche nennen es nicht einmal Gott, obwohl sie es könnten, sie spüren aber etwas Ähnliches wie andere in Gotteshäusern. Das Leben kehrt zurück.

Nicht umsonst beginnt die Erinnerung der Bibel damit, die Natur zu feiern, in all ihrer Vielfalt und Schönheit. Sie feiert die Kulisse von Bergen und Meeren, Wäldern und Wiesen, sie feiert ebenso die Tiere, vom Kleinsten bis zum Größten, vom Kriechtier bis zum Menschen. Mich erstaunt immer wieder, was es da nicht alles gibt ... sowohl unter den Tieren als auch unter den Menschen. Die Natur ist für viele ein Ort Gottes. Bei einer Konferenz hörte ich einen Referenten sogar sinngemäß sagen: „Es gibt nichts Hässliches in der Natur!"

Ich weiß noch, wie ich innerlich zuckte ... und ich komme durchaus zu dem Ergebnis: doch! Einerseits gibt es wirklich hässliche Tiere, deren Schönheit aber immerhin noch darin besteht, mich mit ihrem Anblick zu belustigen. Aber an sich schön sind sie nicht. Nach dem Vortrag erzählte mir ein Freund (als Reaktion auf besagtes Zitat) von einem Video, in dem ein Löwe eine schwangere Antilope jagt ... wir ersparen uns die Details, aber stellen schnell fest: Natur kann auch hässlich. Und zwar grausam hässlich. Wir brauchen uns nur an Erdbeben und Tsunamis erinnern, müssten nur an Dürre und Hitze denken. Von der Fülle der „natürlichen" Krankheiten ganz zu schweigen. Die natürliche Evolution des Lebens ist an sich schon ein ziemlich erbarmungsloser Prozess. Natur ist nicht nur schön. Allzu oft lässt sie das Göttliche vermissen. Schönheit und Grausamkeit der Natur liegen nah beieinander.

Ist Gott in der Natur? Schwer zu sagen, würde ich sagen. Trotzdem gilt Ähnliches wie beim Haus: Gut, wenn man einen Ort in der Natur hat, wo Gott und das Leben einkehren können. Dieser eine Waldweg, den du so gerne gehst. Dieses Fleckchen am Meer, an das du so gerne zurückkommst. Dieser Blick von den Bergen, an den du dich das ganze Jahr erinnerst. Hast du einen göttlichen Ort in der Natur?

Gott am Tisch

Ein weiterer Ort ist nicht ganz so naheliegend wie Wald und Wiese vor der Haustür, obwohl er unserem Alltag viel näher ist. Dieser Ort ist ein Tisch. Das klingt zunächst komisch, aber Tische sind auffällig präsent in den biblischen Traditionen. Sei es der, den Gott im Angesicht der Feinde bereitet (Psalm 23) oder die häufigen Geschichten, in denen Jesus mit den unterschiedlichsten Leuten um dieses Möbelstück herum liegt. Tische sind Orte, an denen Menschen etwas von Gott erfahren, weil sie versorgt werden und Gemeinschaft erleben. Und zwar so intensiv, dass die Kirche diesen Ort zu einem ihrer ältesten und wichtigsten gemacht hat: im Abendmahl. Das ist mehr als eine nette Erinnerung, es ist mehr als ein Symbol für etwas, denn es ist vor allem anderen ein konkreter Ort. Der Tisch hat eine Stelle in Raum und Zeit, die man vermessen kann oder könnte. Das ist natürlicherweise mit allem so, was in Raum und Zeit passiert, aber selten nehme ich das so wahr. Gerade dann, wenn es um Gott geht. Da passiert viel in Kopf und Herz, selten hat es einen Ort. Am Tisch schon, weil das ein besonderer Ort und eine besondere Zeit ist. Dieser Tisch Gottes ist ein bisschen herausgehoben aus dem Stand der Dinge. Hier ist ein Ort, an dem das Göttliche sich greifen lässt, schmecken und sehen, wo wir Versorgung und Zusammensein erleben (könnten).

Für viele Menschen ist es jedoch ein bedeutungsloser Ort, weil sie damit wenig bis nichts anfangen können. Das gilt übrigens auch für manche Christ*innen, die ihn seit Jahren aufsuchen. Mir ging es lange so. Das macht man eben mit. Und für manche ist der Abendmahlstisch sogar ein unheilvoller Ort, weil sie von dort vertrieben wurden oder sich nicht trauen, Platz zu nehmen. „Unwürdig“. Manchmal spielt an diesem Ort dann tragischerweise nicht das Leben, sondern die Angst.

Gott im Alltag

Betreten wir gedanklich einen letzten „Ort Gottes“ oder eher eine ganze Region. Ich suche nach Erinnerungsorten Gottes in meinem Alltag, im Gewöhnlichen, in meinem tagtäglichen Umfeld, in dem ich mich bewege. Mir stellt sich die Frage nach dem „Ort Gottes“ in dem, was mir alltäglich begegnet. Wieder meine ich nicht die ideellen Dinge wie etwa „Zeit mit der Familie“ oder „das Lächeln meiner Mitmenschen“ (man verzeihe mir die banalen Beispiele), sondern ganz konkrete Orte. Vielleicht hast du sofort etwas im Sinn, so einen Ort bei dir zu Hause, an dem Gott dir präsent ist: einen Raum, einen Platz auf der Couch, irgendeine Dekoration. In meinem Büro zum Beispiel hängt ein wunderbar kitschiges Jesus-als-guter-Hirte-Bild mit Goldrahmen – das könnte so ein Ort sein, der mir das Göttliche in Erinnerung ruft. Das ist nicht immer der Fall, aber manchmal. Gott an gewöhnlichen Orten.

Da drängt sich aber noch eine weitere Frage auf: Was ist eigentlich mit Gott an den alltäglich wirklich hässlichen und grauenvollen Orten der Welt? Orte, wie sie uns nicht selten in den täglichen Nachrichten in Erinnerung gerufen werden. Oft versagen hier alle Antworten. Oft bleibt hier nur die Frage, wo eigentlich Gott bleibt. Aber auch die fast unerträgliche Frage an mich, wo ich eigentlich bleibe. Menschheit, wo bist du (Genesis 3,9)?

Sacharja 1,2–3: *G*tt* war zornig über eure Väter, voller Zorn! Aber sprich zu ihnen: „So spricht der mächtige *G*tt*: Kommt zurück zu mir – so redet der mächtige *G*tt* – dann komme ich zurück zu euch! So redet der mächtige *G*tt*."

Damit sind wir tatsächlich wieder bei Sacharja gelandet. Denn dieser Vers scheint eine Überschrift für das ganze Buch zu sein, und die heißt dann womöglich: Die Orte Gottes können wir nicht von unseren eigenen Orten trennen. Nur gemeinsam kommen Gott und wir „zurück" zum Leben, wenigstens im Ideal. Die Fragen lauten dann ungefähr so: Ist Gott denn da, wo wir gerade sind? Warum sind wir eigentlich nicht da, wo Gott gerade ist? Warum ist Gott nicht hier, obwohl wir es sind? Und warum sind wir hier, obwohl Gott es nicht ist? Weil beides sich nicht trennen lässt, die göttlichen Orte und unsere eigenen. Beides hängt aneinander. Wo wir uns bewegen, da bewegt auch Gott sich. Die Orte Gottes aufzusuchen ist fast so, als würden wir unseren eigenen Schatten jagen. Deswegen ist das Ganze nie fertig und erst recht nie eindeutig. Gerade hier kommt der Engel ins Spiel.

Der Engel

Was hat es damit auf sich? Der erste Teil des Sacharjabuches besteht hauptsächlich aus Visionen des Propheten. Er sieht darin sehr, sehr merkwürdige Dinge wie fliegende Schriftrollen und eine Frau in einer Tonne, die von zwei anderen Frauen mit Storchenflügeln davongetragen wird ... ein anschauliches Beispiel für meine Schwierigkeiten mit dem Buch.

Jedenfalls tritt in ebendiesen Visionen eine Engelgestalt auf. Genauer betrachtet handelt es sich um einen Deuteengel.

Wozu es den braucht? Naja, selbst der Prophet hat bei seinen Visionen keine Ahnung, was sie bedeuten. Sie sind nicht nur merkwürdig, sondern uneindeutig. Man weiß nicht so recht, was man damit anfangen soll, nicht einmal der Prophet.

Das erinnert an unsere bisherigen Gedanken, denn die Orte Gottes sind ebenfalls nicht eindeutig. Das sind sie nie! Das klang schon an, aber machen wir es uns noch einmal deutlich: Es ist egal, wo wir Gott suchen – dass Gott tatsächlich da ist, kann niemand garantieren. Nicht in der schönsten Kirche, nicht in der überwältigenden Natur, nicht einmal am Gottestisch (das sagen zu können ist übrigens durchaus eine Eigenart evangelischen Glaubens). Gott ist an allen Orten uneindeutig wie Schrödingers Katze, zugleich da und nicht da.[32]

Das kann man natürlich negativ auslegen und behaupten, dass Gott dann ja nirgends so richtig da ist. Vielleicht tendierst du dazu. Es gibt aber auch die andere Schlussfolgerung daraus: Gott könnte an allen Orten da sein.

Der Ort

Das ist mein letzter Gedanke: Gott ist immer da, wo wir Gott finden. An all den Orten, wo uns der Charakter Gottes begegnet, vielleicht so wie bei Haggai: im Frieden, in der Freiheit und da, wo das Leben segensreich aufblüht.

> **Sacharja 8,3:** So spricht *G*tt*: Ich komme zurück nach Zion, lasse mich mitten in Jerusalem nieder. Jerusalem wird man nennen: „Stadt der Treue", und der Berg des mächtigen *G*ttes*: „Berg der Heiligkeit".

Gott ist immer da, wo dieses Göttliche uns an sich erinnert! Denn wie gesagt: Gottes Ort und unser Ort, die lassen sich nicht voneinander trennen. Oder anders gesagt trennt sich Gott nicht von unserem Ort! Auch wenn das Göttliche manchmal versteckt bleibt. Manchmal bleibt es lange versteckt und manchmal versteckt es sich sehr gut. Aber es ist da, denn es ist das Wesen Gottes, da zu sein. Es ist die einfachste Antwort auf die Frage, wer oder was Gott ist: da (Exodus 3,14).

Wenn Gott also jeden Ort hat, dann kann Gott auch gefunden werden. Manchmal schön und manchmal hässlich, mal fröhlich und mal traurig, mal heilsam und mal leidend. Weil so das Leben ist, weil so auch der lebendige Gott ist. Wenn mir die Propheten wenigstens eines beigebracht haben, dann das. Und noch ein bisschen mehr, denn sie muten uns zu und reklamieren es auf jeder Seite, dass Gott *bei den Menschen* gefunden wird. Sie erwarten und behaupten, dass ein von Gott reklamiertes Menschenleben attraktiv ist, über die eigenen engen Grenzen hinaus:

> **Sacharja 8,23:** So spricht der mächtige *G*tt*: In jenen Tagen passiert es, dass zehn Menschen von allen Nationen und Sprachen es festhalten, und sie werden einem einzelnen jüdischen Menschen am Rockzipfel hängen und sagen: Wir wollen bei euch mitgehen, denn wir haben gehört: Gott ist bei euch!

Da finde ich mich auf beiden Seiten wieder. Denn ich hänge selbst am Rockzipfel eines jüdischen Menschen: Jesus aus Nazareth. Und in ihm, dem Immanuel, „Gott ist bei uns!“, höre ich zugleich die Zusage, dass Gott auch bei uns ist (Matthäus 1,23 und 28,20).

Mit dieser herausfordernden Zusage beenden wir unsere nicht abschließbare Suche nach dem Ort Gottes. Sie war und bleibt zugegebenermaßen eher ein Stochern im Nebel. Aber vielleicht ist es ja genau das, wenn wir nach einem „Ort Gottes“ suchen. Die Suche nach Gott ist ein suchendes Stochern: „Bist du da?“ – „Bist du hier?“ Nicht auf gut Glück, sondern auf die prophetische Erinnerung hin:

> **Jeremia 29,13:** Ihr sucht mich und findet.

> **Matthäus 7,7:** Sucht – ihr werdet finden!

Maleachi reklamiert die Frage

Mit Maleachi machen wir das Dutzend voll und nähern uns unaufhaltsam dem Ende der großen göttlich-prophetischen Reklamation. Dabei mischen sich womöglich verschiedene Gefühle. Einerseits können wir froh sein, dass es vorbei ist, denn wir mussten teilweise hart mit diesen Texten kämpfen. Andererseits können sie auch irgendwie ans Herz wachsen in ihrer Fremdheit, in ihrer Ehrlichkeit, besonders in ihrer Offenheit.

„Offen" ist das letzte Stichwort, denn es blieben und bleiben eine Menge Fragen offen. Fragen an die Texte, aber auch schwer erträgliche Fragen an das Leben. Einige davon sind an die Gottheit gerichtet, andere werden der Menschheit vorgelegt. Nun lassen wir ein letztes Mal einen der Propheten reklamieren: Maleachi reklamiert die Frage.

Maleachi: „Mein Bote"

Es stellt sich schon bei den Umständen des Buches manche Frage, zum Beispiel zur Entstehung: Womöglich war es ursprünglich einmal eine Fortsetzung von Sacharja 1–8, hat sich dann aber verselbständigt. Das könnte aus dem Grund passiert sein, dass man damit auf genau zwölf eigenständige (Kleine)

Propheten kommt. Diese bedeutsame Zahl erinnert nämlich an die zwölf Stämme Israels.

Zu den zeitlichen Gegebenheiten lässt sich wenig sagen, denn es ist nicht sicher, welche historischen Verhältnisse sich im Buch spiegeln. Zudem ist es wieder einmal nicht klar, ob eine echte Prophetengestalt im Hintergrund steht. Maleachi ist als Name völlig unbekannt, sowohl in der Bibel als auch darüber hinaus. Er scheint eher ein Kunstname zu sein, denn Maleachi bedeutet schlicht „mein Bote“. Auch das Thema des Buches ist nicht eindeutig festzustellen, vielmehr ähnelt es einer prophetischen Gemischtwarenhandlung. Manches von dem, was wir bei den Propheten schon angeschaut haben, taucht hier wieder auf.

Auffällig ist ein Merkmal, das sich durch das Buch hindurchzieht: das ständige Fragen. Die Maleachischrift ist durchzogen von Fragen und Diskussion, immer eingeleitet mit: „Aber ihr sagt: ...“

Maleachi 1,2:	Wie liebst du uns denn?
Maleachi 1,6:	Womit verachten wir denn deinen Namen?
Maleachi 1,7:	Womit verunreinigen wir dich denn?
Maleachi 1,13:	Schau doch mal: Quälerei!
Maleachi 2,14:	Warum?
Maleachi 2,17:	Womit ermüden wir (dich) denn?
Maleachi 3,7:	Von was sollen wir denn umkehren?
Maleachi 3,8:	Wie haben wir dich denn hintergangen?
Maleachi 3,13:	Wie verschwören wir uns denn gegen dich?

Klammer auf: Der vierte Satz ist natürlich keine Frage im eigentlichen Sinn, wird aber mit derselben Formel eingeleitet. Deshalb ist er aus Gründen der Vollständigkeit notiert. Klammer zu.

Das ständige Fragen macht das Maleachibuch zu einer besonderen Schrift im Kanon der kurzen Propheten. Schaut man sich mal nur diese Zeilen an, dann bilden sie fast schon ein ganzes frommes Leben ab: Am Anfang steht die göttliche Liebe, doch mit und nach ihr wird alles andere in Zweifel gezogen.

Zugegeben, es klingt eher nach dem Verfall eines frommen Lebens, vom Vertrauen zur Verschwörung. So könnte man zumindest denken, wenn man das sprachliche Mittel ignoriert: die Frage. Nehmen wir das mal ganz ernst und halten auch die Fragen für vollkommen ernst gemeint, als seien sie aus echtem Interesse oder ehrlicher Unwissenheit gestellt. Lassen wir uns davon an eine Weise des frommen Lebens heranführen, die unglaublich vielversprechend ist, geradezu prophetisch: das fragende Leben und das Leben als Frage.

Vom Wert der Frage

Das ist alles andere als selbstverständlich. Vor allem in meiner Tradition, in der Glaube als eine aktive persönliche Entscheidung aus Überzeugung verstanden wird. Da nagen Zweifel und Fragen immer am Fundament. Das meine ich gar nicht ironisch, sondern an gewissen Glaubensformen richtet ernsthafte Skepsis erheblichen Schaden an. Für manche Glaubende beginnt mit ehrlichen Fragen ein Haus zu wackeln, in dem sie seit Jahrzehnten gut und sicher leben. Das will ich ernstnehmen, obwohl ich da nicht mehr mitmachen kann. Denn manche schotten sich in diesen Glaubenshäusern ab, wähnen sich über alle Zweifel erhaben und mit ihnen hören ganze Gemeinden einfach auf zu fragen. Oder sie stellen ihre Anfragen nur noch in engen Grenzen und (so kommt es mir zumindest manchmal vor) sie stellen nur noch die Fragen, auf die sie die Antworten insgeheim schon kennen. Irgendwann hält man Zweifel nur noch für eine intellektuelle Spielerei von Leuten, die sich in ihrem zweifelnden Unglauben im frommen Gewand selbst gefallen. Zweifel als mehr oder weniger fromme Freizeitbeschäftigung – was für ein Missverständnis des zweifelnden Fragens!

Maleachi reklamiert die Frage, weil sie sein darf und sein muss. Die Antworten des Maleachibuches sind zugegebenermaßen nicht allzu gefällig, aber das Fragen an sich wird nicht infrage gestellt. Im Gegenteil, es wird auf gewisse Weise sogar geheiligt! Schließlich hat es Einzug in diese heiligen Texte gehalten. Viel mehr Botschaft will ich Maleachi auch gar nicht mehr abringen. Nur diese eine: die Heiligung der Frage.

Das Maleachibuch fordert heraus zu fragen und sich den Antworten zu stellen. Mir ist das sogar noch mehr als nur eine Herausforderung. Es fordert nicht nur etwas heraus, das noch nicht da wäre und erst hervorgebracht werden müsste. Vielmehr bildet dieses Prophetenbuch mit seinen Fragen meinen Glauben ab, wie er schon ist. Weil mein Glaube fragt, weil er zweifelt, und weil er manchmal kaum vom Unglauben zu unterscheiden ist.

Fragen gehören zum Glauben, weil sie zum Leben dazugehören. Man kann mit den größten Denker*innen das ganze Menschsein in Fragen abbilden: Was kann ich wissen? Was soll ich tun? Was darf ich hoffen? Das sind Fragen nach dem Leben, nicht nur philosophische Spielereien! Fragen stellen ist vielleicht der direkteste Weg an die eigene Existenz, es ist der Weg hin zu dem, was ich eigentlich bin.

Antworten sind nur leblose Wiederholung, solange sie nicht auf meine Fragen treffen. Antworten ohne Fragen sind wie Brot ohne Hunger. Ich brauche die Fragen, um überhaupt etwas mit den Antworten anfangen zu können. Sie sind es, die mich erst für Antworten empfänglich machen. Ich brauche es, dass ich mit meinem Wissen, Tun und Hoffen infrage gestellt werde, muss mich selbst immer wieder infrage stellen, um am Leben dranzubleiben. Denn Fragen sind nicht nur offen, sondern sie öffnen. Sie öffnen Augen und Ohren, damit ich sehen und hören kann, wie, wo, was und wann das Leben spielt. Für mich ist das nicht weniger als die ständige Frage nach Gott.

Nun weiß ich nicht, wie dein persönlicher Bezug zum Fragen ist: Ob du dem eher skeptisch gegenüberstehst und lieber Antworten und Überzeugungen hast oder ob die Frage zu deinem Leben und Glauben dazugehört. Jedenfalls werbe ich leidenschaftlich für die offene Frage und versuche sie zu leben.

Vor über 100 Jahren schrieb Rainer Maria Rilke in einem Brief etwas, das ich mir für meinen Glauben wünsche:

> Forschen Sie jetzt nicht nach den Antworten, die Ihnen nicht gegeben werden können, weil Sie sie nicht leben könnten. Und es handelt sich darum, alles zu leben. Leben Sie jetzt die Fragen. Vielleicht leben Sie dann allmählich, ohne es zu merken, eines fernen Tages in die Antwort hinein.[33]

Für manche ist solch ein Glaube vielleicht kaum vom Unglauben zu unterscheiden. Aber so ist der Glaube, der mein Leben prägt. Voller Fragen, voller Sehnsucht im manchmal schmerzlichen und gelegentlich heilsamen Verzicht auf Antworten. Dieser Glaube will echt sein und bleiben, mit allen Fragen, mit allem Unglauben. Mit dem Verlust alter und auf der Suche nach neuen Antworten. Mit immer neuen Fragen, die uns an das Leben heranrücken lassen.

Es könnte unbefriedigend sein, doch für mich ist es irgendwie beruhigend, dass am Ende der Propheten das Fragen steht und bleibt, denn Maleachi beendet in der Hebräischen Bibel den Teil der Propheten. In der christlichen Version beendet er sogar das ganze Erste Testament. An dessen Ende steht also das Fragen. Das kann man als Doppelpunkt verstehen und daraufhin in der Jesusgeschichte nach Antworten suchen. Das tun wir auch immer wieder, und das ist auch gut so. Vielleicht kann man Maleachi aber auch als Methodenlehre verstehen, als einen Unterricht in Glauben und Leben: Vergesst nicht, dass der Weg zum Leben – und damit zu Gott! – über die Frage führt! Vielleicht wäre es sogar keine schlechte Idee, bei Jesus Christus die Fragen zu suchen statt die Antworten. Selbst an seinem Ende steht bekanntlich eine Frage.

Eine der Maleachifragen will ich auch inhaltlich ans Ende stellen, weil sie uns von Anfang an begleitete. Vielleicht ist sie die Frage aller Fragen, in denen sich Glaube und Unglaube die Hand geben, in der mir der Grundton meines Lebens begegnet:

> **Maleachi 1,2:** „Ich liebe euch“, sagt *G*tt*. Aber ihr sagt: „Wie liebst du uns denn?“

Die Liebe. Sie will ich wissen, tun und hoffen. Sie will ich erleben, verbreiten und ihr etwas zutrauen. Doch sie bleibt auch meine Frage, sie bleibt immer ein bisschen offen. Sie nötigt mir ungläubiges Staunen auf, verzweifelte Hoffnung, fromme Skepsis: Wie hast du uns lieb? Wie kann das sein? Wie kann man das glauben? Wie kann ich das erleben? Wie soll ich darauf hoffen? Ist das nicht sehr gewagt?

Mit den Kleinen Propheten haben wir solch große Fragen

gestellt. Das Leben wird sie immer weiter stellen. Fragen, die sich uns stellen, weil wir immer wieder diese göttliche Zusage hören: Ich habe euch lieb!

Die Frage nach dem Leben, dem Universum und dem ganzen Rest

Damit haben wir all die Kleinen Propheten oder besser: alle kurzen Prophetenbücher kennengelernt. Sie rissen Wunden auf, hielten uns den Spiegel vor, wischten Tränen ab und verbreiteten Hoffnung. Sie richteten und rüttelten, schrien und flüsterten, fluchten und segneten. Denn sie sind echt und ehrlich wie das Leben.

Mir passierte mit ihnen aber noch mehr, denn in ihnen hörte ich immer wieder die reklamierenden Stimmen Gottes. In ihnen hörte ich viele Fragen an mich und mein Leben, an mich und meinen Glauben. Das große Schreien der kleinen Propheten stellt infrage, mich als Individuum und uns als Gesellschaft. Aus jedem Prophetenmund schallte mir Neues entgegen, voll wütender Hoffnung und zuversichtlicher Leidenschaft. Fragen, die unserer Welt und meinem Leben heilsam wehtun können:

Für wen betreibe ich meine Religion? Wie träumen wir noch für unsere Umwelt? Mit welchem Recht ziehe ich mein Gottesbild dem Menschen vor? Wie weit geht unsere Solidarität? Wie viel Einsatz ist das Leben wert? Wozu ist Macht gegeben? Welche Sprache spricht mein Zorn? Was bedeutet uns das Leiden der anderen? Wie übersetze ich die Vokabel G*tt? Tut unser Bild von Gott der Gesellschaft gut? An welchen Orten lasse ich mich an Gott erinnern? Und lebe ich lieber mit Fragen oder mit Antworten?

Langsam verklingt das Schreien. Doch vielleicht findet sich hier und da ein prophetisches Echo wieder, weil alte Antworten am Leben abprallen und ich nach neuen Fragen suchen muss. Es bleibt dabei: Etwas stimmt nicht mit der Welt. Doch unter allen Echos höre ich auch dieses eine, so gar nicht schreiend, fast flüsternd, in einem Unterton: Es kommt etwas in Ordnung, wenn Gott reklamiert.

Zum Weitermachen

Das Echo der Propheten

Das Schreien der Propheten ist immer eine Botschaft für die Gegenwart, vor 2500 Jahren wie heute. Dieses Buch ist nur eine der vielen Möglichkeiten, wie sie in unseren Tagen klingen könnte. Es braucht viele Stimmen, weil Gott selbst vielstimmig ist. Also schrei mit und lass ein Echo erklingen! Unter www.sebastianrink.de/reklamation kannst du mitreklamieren und das teilen, was du beim Lesen von den Propheten gehört hast.

Tiefer einsteigen

Im Buch habe ich darauf verzichtet, alle Informationen mit Quellen zu belegen. Manch eine*r möchte vielleicht dennoch schauen, woher sie kommen. Daher schiebe ich noch ein paar Lese- und Surftipps hinterher.

- Mit der dreiteiligen Reihe *Basiswissen Bibel* hat Klaus Dorn eine sehr empfehlenswerte Einführung in biblische Texte geschrieben. Die Bücher zeichnen sich durch hervorragende Verständlichkeit und Konzentration auf das Wesentliche aus. Sie sind dazu noch kurzweilig geschrieben.

- Das Projekt *www.worthaus.org* verzeichnet mittlerweile eine ganze Reihe an Vorträgen zu den Propheten, die sich allesamt lohnen.
- Einen Hauch wissenschaftlicher, aber noch immer sehr gut lesbar geht es im *Sammelband 73 Ouvertüren: Die Buchanfänge der Bibel und ihre Botschaft* zu. Hier werden die Propheten (und alle anderen Bibelbücher) von ihrem Anfang her verstanden und eingeordnet.
- Wer in die jüdische Welt der Texte eintauchen möchte, bekommt mit *Tanach: Lehrbuch der jüdischen Bibel* von Hanna Liss ein aufschlussreiches Werkzeug an die Hand.
- Wissenschaftlich am Zahn der Zeit kann man sich unter *www.wibilex.de* informieren. Das braucht zwar einiges an theologischer Erfahrung – dafür ist es kostenlos.
- Den aktuellen Stand der (deutschsprachigen) Forschung zu den Schriften des Ersten Testaments findet man wohl am ehesten im Standardwerk *Grundinformation Altes Testament: Eine Einführung in Literatur, Religion und Geschichte des Alten Testaments* von Jan Christian Gertz (Hg.) zusammengefasst. Auch hier braucht es ein wenig theologisches Vorwissen.
- Daneben gibt es Bibelausgaben mit Erklärungen. Hier lohnt ein Blick in die *Stuttgarter Erklärungsbibel* oder die *Neue Echter Bibel.*
- Das wissenschaftliche Werkzeug der Wahl ist letztlich einer (oder mehrere) der zahlreichen Kommentare. Das ist aber in aller Regel etwas für Fachleute und Menschen mit theologischer Ausdauer.

Anmerkungen

1 https://de.wikipedia.org/wiki/V._Chr.
2 https://de.wikipedia.org/wiki/G'tt
3 https://www.deutschelyrik.de/wenn-die-propheten-einbraechen-2064.html
4 https://www.n-tv.de/leute/Simmons-haelt-Kiss-fuer-wichtiger-als-den-Papst-article21052268.html
5 https://de.wikipedia.org/wiki/Religion#Etymologie
6 https://www.bibel-in-gerechter-sprache.de/die-bibel/bigs-online/?Hos/1/1/
7 https://www.youtube.com/watch?v=k09QLXLlndw
8 www.klimafakten.de
9 Etwa im Sommer 2019 in Italien (https://www.spiegel.de/wissenschaft/natur/sardinien-heuschrecken-plage-nach-temperaturanstieg-a-1271880.html) oder im Frühjahr 2020 in Ostafrika (https://www.zeit.de/gesellschaft/zeitgeschehen/2020-02/heuschreckenplage-vereinte-nationen-un-afrika-lebensmittelknappheit)
10 Vgl. https://www.bibelwissenschaft.de/stichwort/30552/
11 Vgl. im Folgenden https://www.spiegel.de/einestages/verrueckte-gesetze-sterben-verboten-a-948772.html
12 https://de.wikipedia.org/wiki/§_175
13 Cicero, *De oficiis*, 1,33: „summum ius summa iniuria". https://la.wikisource.org/wiki/De_officiis/Liber_I (Deutsch: https://www.projekt-gutenberg.org/cicero/pflicht/pfli11.html)
14 Zur Auslegung vgl. mein Buch *Heiliges Leben*, 20–27.
15 Georg Steins, *73 Ouvertüren: Die Buchanfänge der Bibel und ihre Botschaft*, Gütersloh 2018, Seite 389.

16 Vgl. https://www.nw.de/kultur_und_freizeit/literatur/literatur/20759765_Tag-der-Geschwister-Das-sind-10-bekannte-Brueder-und-Schwestern.html

17 „Trump droht Iran mit ‚Auslöschung'“: https://www.spiegel.de/politik/ausland/us-praesident-donald-trump-droht-iran-mit-ausloeschung-a-1274296.html

18 Zu finden im Talmud, Traktat Sanhedrin, 39b. https://www.sefaria.org/Sanhedrin.39b.15 / https://archive.org/details/DerBabylonischeTalmudLazarusGoldschmidt19291936/page/n6145/

19 https://youtu.be/oRT9ddsfpfM

20 https://rp-online.de/panorama/ausland/in-suedafrika-deutscher-taucher-rainer-schimpf-wird-von-wal-verschluckt-und-ueberlebt_aid-37395459

21 https://en.wikipedia.org/wiki/James_Bartley und https://www.derstandard.de/story/2000098464379/kann-der-mensch-im-bauch-des-pottwals-ueberleben

22 https://www.tagesschau.de/ausland/wal-plastik-105.html

23 https://de.wikipedia.org/wiki/Fight_Club_(Film)

24 https://www.duden.de/rechtschreibung/Macht

25 https://de.wikipedia.org/wiki/Godzilla

26 Paul Tillich, *Systematische Theologie Band I*, Stuttgart 1956, 19 und 21. Online unter https://books.google.de/books?id=kX40DwAAQBAJ&lpg=PP1&pg=PT72

27 https://www.duden.de/rechtschreibung/Skrupel_Hemmung_Bedenken_Zweifel

28 https://www.sueddeutsche.de/sport/nfl-protest-rassismus-kaepernick-1.4924932-0

29 https://micha-initiative.de

30 Bei „Blackout Poetry“ werden Texte so geschwärzt, dass aus den noch lesbaren Worten völlig neue Texte entstehen. https://www.ecosia.org/images?q=blackout+poetry

31 https://www.kunst-worte.de/archaismen/

32 https://de.wikipedia.org/wiki/Schrödingers_Katze

33 http://www.rilke.de/briefe/160703.htm. Ein herzlicher Dank für den Hinweis geht an Christine Reh.

Was beten wir da eigentlich?

Man kann den Eindruck gewinnen, dass das Vaterunser mitunter eine Art „Allzweckwaffe" ist, die bei jeder Gelegenheit zu passen scheint. Kein Wunder, wenn das Gebet des Herrn häufig nur noch einfach heruntergeleiert wird. Demgegenüber geht es Okko Herlyn um ein Verstehen dieses alten, vermeintlich vertrauten Textes. Dabei erweisen sich seine gewichtigen Inhalte als überaus aktuell, wie zahlreiche alltagsnahe Beispiele und gesellschaftliche und politische Zusammenhänge deutlich machen.

Okko Herlyn
Das Vaterunser
Verstehen, was wir beten

gebunden,
mit Schutzumschlag,
149 Seiten,
ISBN 978-3-7615-6446-2

---

neukirchener